AF124163

www.ingramcontent.com/pod-product-compliance
Lightning Source LLC
LaVergne TN
LVHW010429070526
838199LV00066B/5971
* 9 7 8 9 3 5 8 7 2 4 4 7 9 *

آزادی کا شوق

(انشائیے)

شوکت تھانوی

© Taemeer Publications LLC
Aazadi ka Shauq *(Humorous Essays)*
by: Shaukat Thanvi
Edition: October '2024
Publisher :
Taemeer Publications LLC (Michigan, USA / Hyderabad, India)

ISBN 978-93-5872-447-9

مصنف یا ناشر کی پیشگی اجازت کے بغیر اس کتاب کا کوئی بھی حصہ کسی بھی شکل میں بشمول ویب سائٹ پر اَپ لوڈنگ کے لیے استعمال نہ کیا جائے۔ نیز اس کتاب پر کسی بھی قسم کے تنازع کو نمٹانے کا اختیار صرف حیدرآباد (تلنگانہ) کی عدلیہ کو ہو گا۔

© تعمیر پبلی کیشنز

کتاب	:	آزادی کا شوق (انشائیے)
مصنف	:	شوکت تھانوی
صنف	:	طنز و مزاح
ناشر	:	تعمیر پبلی کیشنز (حیدرآباد، انڈیا)
سالِ اشاعت	:	۲۰۲۴ء
صفحات	:	۸۲
سرورق ڈیزائن	:	تعمیر ویب ڈیزائن

فہرست

(۱)	سودیشی ریل	6
(۲)	اتوار	19
(۳)	کرکٹ میچ	22
(۴)	کچھ نہ سمجھے خدا کرے کوئی	33
(۵)	میں ایک شاعر ہوں	37
(۶)	جنس ہنر بیچتا ہوں	52
(۷)	افیونی کی جنت	62
(۸)	ہم دعا کر چکے	70
(۹)	آزادی کا شوق	75

سودیشی ریل

دن بھر کے تھکے ماندے بھی تھے اور رات کو سفر بھی درپیش تھا مگر "بندے ماترم" کے نعروں پر کان کھڑے کر لینا ہماری ہمیشہ کی عادت ہے اور ان نعروں کو بھی ضد ہے کہ ہمارا چاہے جو حال بھی ہو بیمار ہوں، کسی ضروری کام سے باہر جا رہے ہوں یا اور کوئی مجبوری ہو مگر یہ کچھ نہیں دیکھتے اور اپنی طرف ہم کو کشاں کشاں کھینچ کر چھوڑتے ہیں۔

چنانچہ آج بھی یہی ہوا کہ حقہ کا نیچا اور صراحیاں ایک دکان پر یہ کہہ کر رکھ دیں کہ "بھائی ابھی آتے ہیں" اور سیدھے پنڈال میں گھس گئے جہاں ایک صاحب جو صورت سے لیڈر معلوم ہوتے تھے یعنی سر پر گاڑھے کی گاندھی کیپ، داڑھی مونچھ سے فارغ البال، ایک لمبا سا کھدر کا کرتہ، ٹانگوں میں وہی کھدر کی دھوتی اور چپل پہنے ہوئے تھے، ایک ہاتھ کو اپنی پشت پر رکھے ہوئے اور دوسرے ہاتھ کو مجمع کی طرف اٹھائے ہوئے اس طرح حرکت دے رہے تھے جیسے ہیڈ ماسٹر اپنے بید کو حرکت دیتا ہے۔ وہ کچھ کہہ بھی رہے تھے مگر معلوم نہیں کیا،

اس لیے کہ کبھی تو کہتے کہتے مشرق کی طرف گھوم جاتے تھے کبھی مغرب کی طرف اور کبھی کبھی ایک دم سے پیچھے بھی مڑ جاتے تھے۔ بہر حال یہ فیصلہ کرنا کہ ہم ان کی پشت کی طرف ہیں یا سامنے۔ اس لیے مشکل تھا کہ ان کو خود قرار نہیں تھا۔ وہ تخت جس پر کھڑے ہوئے وہ گھوم رہے تھے مجمع کے وسط میں تھا اور تمام مجمع کا رخ تخت کی طرف۔

کبھی کسی کی طرف منہ کبھی کسی کی طرف پشت ہو جانے کا سلسلہ جاری تھا اور اسی طرح ان کے الفاظ کبھی نہایت صاف کبھی دور کی آواز کی طرح اور کبھی بالکل نہیں، ہمارے کانوں میں پہنچ رہے تھے۔

ہاں ایک بات یہ تھی کہ ہماری طرف کے لوگ غل مچانے میں اتّر، دکھن اور پچھم کے لوگوں سے زیادہ ماہر معلوم ہوتے تھے۔ اس لیے ہم تقریر سننے کے معاملہ میں ذرا گھاٹے میں تھے۔ پھر بھی جو کچھ سنا وہ بہت کافی تھا۔ اس لیے کہ شروع سے آخر تک الفاظ بدل بدل کر کبھی انگریزی میں، کبھی اردو میں، کبھی نثر میں، کبھی نظم میں، کبھی ہنس کر، کبھی چیخ کر، کبھی ادھر مڑ کر کبھی ادھر گھوم کر وہی الفاظ کہے جا رہے تھے جو ہم نے سن لیے تھے،

"بھائیو! اب وہ وقت نہیں ہے کہ ریزولیوشن پاس ہوں اور رہ جائیں۔ تجاویز منظور ہوں اور شرمندۂ عمل نہ بنیں۔ سرگرمیاں۔۔۔ اب تیار ہو جاؤ۔ ہوشیار رہو کہ تم کو ۳۱/ دسمبر ۱۹۲۹ء کے بعد اپنا کام اپنے ہاتھوں انجام دینا ہے۔ اپنے پیروں پر کھڑا ہونا ہے۔ دوسری طرف گھوم گئے۔ خوابِ غفلت سے بیداری کا وقت یہ ہے۔ اور وہاں تم۔۔۔ برٹش گورنمنٹ، سوراج سودیشی، چرخہ، کھدر۔۔۔" (چیرز کے بعد تقریر ختم)

دو گھنٹے میں ہم نے صرف یہی سنا اور سمجھ لیا کہ ۳۱/ دسمبر ۱۹۲۹ء کے بعد سوراج ضرور مل جائے گا۔ غالباً اس سے زیادہ انھوں نے کچھ کہا بھی نہیں ہوگا اور اگر کہا بھی ہو تو ہم کیا کریں ہمارے لیے یہی بہت تھا کہ ۳۱ دسمبر کو سوراج ملے گا۔ ہم اسی خیال میں غرق مجمع کو دھکیلتے خود دھکے کھاتے کسی نہ کسی طرح باہر نکل آئے۔ دکان پر سے حقے کا نیچا لیا۔ صراحیاں اکّے پر لادیں اور گھر پہنچ گئے۔ اسباب باندھا، کھانا کھایا، حقہ بھرا، آرام کرسی پر لیٹ کر شوق فرمانے لگے۔ گاڑی کے وقت میں ابھی پورے دو گھنٹے تھے اس لیے

اطمینان بھی نصیب تھا مگر احتیاطاً شیروانی نہیں اتاری تھی کہ جیسے ہی ڈیڑھ گھنٹہ باقی رہ جائے گا اسٹیشن روانہ ہو جائیں گے۔

لکچر کا خیال اور ۳۱ دسمبر کے بعد سوراج کا مل جانا دماغ میں چکر لگا رہا تھا مگر ہماری سمجھ میں کسی طرح یہ بات نہیں آتی تھی کہ آخر سوراج کے لیے ۳۱ دسمبر کیوں مقرر کی گئی ہے۔ اگر آج ۳۱ دسمبر ہوتی تو ہم اپنی ریل پر سفر کرتے۔ نہ بدیشی گارڈ ہوتا، نہ فارن ڈرائیور، نہ اینگلو انڈین کا علیحدہ درجہ ہوتا۔ ہم خود ہی ریل کے مالک ہوتے چاہے تھرڈ میں بیٹھتے چاہے فرسٹ میں، ہم سے کوئی پوچھنے والا نہ ہوتا۔ ہم خود فرسٹ میں بیٹھتے اور انگریزوں کو تھرڈ میں بٹھا کر خوش ہوتے ہوئے سفر کرتے۔

ہم یہ سوچ رہے تھے کہ ایک دم سے کان میں پھر وہی "بندے ماترم" کی آواز آئی اور ہم ایک دم سے کھڑے ہو گئے۔ گھر سے باہر نکلے دیکھتے کیا ہیں کہ ایک بڑا جلوس جھنڈوں، جھنڈیوں اور گیسوں سے سجا ہوا "بندے ماترم" کے نعروں سے آسمان اور زمین کو ٹکڑاتا ہوا ہمارے مکان کے سامنے سے گذر رہا ہے۔ ہم نے لوگوں سے پوچھا کہ "بھائی یہ کیا ہے؟" جواب ملا کہ "کیا سو رہے تھے؟ خبر نہیں کہ سوراج مل گیا؟" ہم نے پھر بڑا سا منہ کھول کر کہا۔ "سوراج؟" جواب ملا۔ "ہاں سوراج سوراج!" ہم نے اپنے دل میں کہا کہ "واہ بھئی واہ دعا تو قبول ہوئی ہماری اور سوراج مل گیا ان لوگوں کو، ارے ہم کو ملتا تو ایک بات بھی تھی۔" پھر سوچا کہ ہم اور یہ لوگ کچھ غیر تھوڑی ہیں، ان کو ملا یا ہم کو ایک ہی بات ہے مگر اللہ کمال ہوا کہ سوراج مل گیا۔ دل کو کسی طرح یقین نہیں آتا تھا کہ سوراج مل گیا ہو گا۔ حالانکہ ابھی تک جلوس نظروں سے اوجھل نہیں ہوا تھا۔ جب جلوس کی طرف نظریں جاتیں تو یقین ہو جاتا کہ سوراج مل گیا اور جب سوراج ملنے پر غور کرنا شروع کرتے تو دل کہتا کہ ابھی نہیں ملا ہے۔ لیکن آخر جب ہر شخص نے سوراج ملنے

کی خوشخبری سنائی تو شک دور ہوا اور ایک آزادانہ و خود مختارانہ سانس لے کر ہم نے پہلی مرتبہ اپنے آپ کو آزاد سمجھا۔ ابھی ہم اپنے آپ کو آزاد سمجھ ہی رہے تھے کہ گھنٹہ نے ٹن ٹن کر کے دس بجا دیے یعنی ہم کو خود اسٹیشن چلے جانے کا حکم دیا۔

ہمارے ایسے آدمی کے لیے سفر شروع کرنے کا یقین لوگوں کو اس وقت ہوتا ہے جب ہم ٹکٹ خرید لیں اور ہم نے بھی اپنی یہ عادت ڈال رکھی ہے کہ سفر کرنے سے پہلے ٹکٹ ضرور خرید لیتے ہیں۔ چنانچہ ہم کو جو سب سے پہلا مرحلہ اسٹیشن پہنچ کر در پیش ہوتا ہے وہ بکنگ آفس کی کھڑکی میں جھانک کر ٹکٹ خریدنے کی درخواست پیش کرنا ہے۔ آج بھی ہم نے بالکل اسی پروگرام پر عمل کیا اور بکنگ آفس کی کھڑکی میں ہاتھ ڈال کر کہا،

"بابو جی! کانپور کا سیکنڈ کلاس کا ٹکٹ دے دیجیے۔"

بابو جی نے بجائے اس کے کہ ٹکٹ دے دیتے پہلے تو ہم کو گھورا پھر نہایت اطمینان سے فرمانے لگے۔ "ایک بات کہہ دیں یا مول تول؟"

میں سمجھا بابو جی مذاق کر رہے ہیں اور میں ہنس دیا۔ میرے ہنسنے پر بابو جی نے پھر کہا "جناب سنیے تین روپے ہوئے۔ لائیے روپے اور ٹکٹ لے لیجیے۔"

اب تو مجھے اور زیادہ تعجب ہوا اور میں نے کہا،

"جناب تین روپے کیسے ہوئے ایک روپیہ تیرہ آنہ تو کرایہ ہے، آپ کہتے ہیں تین روپے۔ مجھے کانپور کا ٹکٹ چاہیے ہے، کانپور کا سیکنڈ کلاس۔"

بابو جی نے ذرا ترش ہو کر جواب دیا،

"جناب والا! میں بہرہ نہیں ہوں۔ سن لیا ہے کہ آپ کو کانپور کا سیکنڈ کلاس ٹکٹ چاہیے مگر اسی کے تین روپے ہوئے۔ کوڑی کم نہ لوں گا۔ جی چاہے لیجیے ورنہ جانے دیجیے۔"

میں، "مگر بابو صاحب ابھی پرسوں تک تو ایک روپیہ تیرہ آنہ کرایہ تھا، آج کیا ہوگیا کہ ایک دم بڑھ گیا؟"

بابو، "کل کی بات کل کے ساتھ، آج دیش ہمارا ہے۔ ہم کو سوراج مل گیا ہے۔"

میں، "یہ کہیے کہ سوراج ریل کو بھی ملا۔ اچھا خیر ٹکٹ دیجیے نہیں تو گاڑی چھوٹ جائے گی۔"

بابو، لائیے روپے۔ اچھا نہ آپ کی بات نہ ہماری بات ڈھائی روپے دے دیجیے اور ٹکٹ لے لیجیے۔"

بابو صاحب کی ان تمام باتوں پر کچھ تو ہنسی آرہی تھی اور کچھ غصہ آرہا تھا کہ فضول ان باتوں میں وقت ضائع ہو رہا ہے۔ گاڑی چھوٹ گئی تو اور مصیبت آئے گی۔ ٹکٹ وکٹ سب دھرا رہ جائے گا۔ آخر کار میں نے طے کرلیا کہ میں بغیر ٹکٹ کے سفر کروں گا اور یہ سوچ کر میں بکنگ آفس سے چلنے لگا۔ مجھ کو جاتا ہوا دیکھ کر بابو صاحب نے پھر آواز دی،

"سنیے تو جناب، ٹھہریے تو جناب، دیکھیے تو جناب، اچھا دو روپے دے دیجیے، آیئے وہی ایک روپیہ تیرہ آنہ دیجیے۔ اب وہ بھی نہ دیجیے گا؟ اچھا آپ بھی کیا کہیں گے، لائیے ڈیڑھ روپیہ۔ اب اس سے زیادہ ہم کم نہیں کرسکتے، ہمارا نقصان ہو رہا ہے۔"

جب ہم نے ٹکٹ کے بازار کا بھاؤ اس طرح گرتے ہوئے دیکھا تو اور اکڑ گئے اور ناک بھوں چڑھا کر ذرا گردن ترچھی کر کے وہیں سے کہہ دیا "ایک روپیہ دیں گے، ایک روپیہ کو دینا ہو تو دے دو۔"

ہم سمجھے تھے کہ بابو صاحب اس پر راضی نہ ہوں گے مگر واللہ کمال کیا انھوں نے کہ گردن لٹکا کر ذرا دھیمی آواز میں کہنے لگے۔ "لائیے صاحب لائیے، بوہنی کا وقت ہے۔ آپ ہی کے ہاتھوں بوہنی کرنا ہے۔"

ٹکٹ تو ہم نے لے لیا لیکن وہ ٹکٹ ریل کا معلوم نہیں ہوتا تھا۔ نہ اس پر تاریخ پڑی ہوئی تھی اور نہ اس پر کچھ چھپا ہوا تھا۔ بابو صاحب نے ایک کاغذ کے ٹکڑے پر "درجہ دوم کانپور" لکھ کر ایک ٹیڑھی سی لکیر کھینچ دی تھی جو غالباً ان کے دستخط تھے۔ ہم نے ٹکٹ کو ادھر سے دیکھا ادھر سے دیکھا اور تین مرتبہ غور سے الٹ پلٹ کر دیکھنے کے بعد بابو صاحب کا منہ دیکھنے لگے۔ بابو صاحب بھی ذرا قیافہ شناس تھے۔ ہماری اس حرکت سے وہ ہمارا مطلب سمجھ گئے اور متبسم ہو کر کہنے لگے،

"جناب والا رات کو سوراجیہ ملی ہے ابھی نئے ٹکٹ نہیں چھپے ہیں، وہ دو تین دن میں چھپ جائیں گے۔ آپ کو ٹکٹ سے کیا طلب، آپ تو سفر کیجیے۔ اب آپ سے کوئی کچھ نہ پوچھے گا۔ آپ اطمینان رکھیے۔"

بابو صاحب نے تسلی تو دے دی مگر ہم دیکھ رہے تھے کہ ٹکٹ پر نہ تاریخ ہے نہ کرایہ نہ فاصلہ اور فاصلہ ہوتا تو کہاں سے انھوں نے تو یہ بھی نہ لکھا کہ ہم سفر آخر کاں سے کر رہے ہیں۔ بہر حال یہ سمجھ کر کہ یا تو یہ روپیہ گیا یا ہم تیرہ آنہ کے نفع میں رہے، اسٹیشن میں داخل ہو گئے۔

اسٹیشن میں حالانکہ سب کچھ وہی تھا جو آج سے قبل ہم دیکھ چکے تھے مگر اس سب کچھ کے باوجود بالکل یہ معلوم ہوتا تھا گویا کسی نے اسٹیشن کو قلابازی کھلا دی ہے یا الٹا باندھ کر ٹانگ دیا ہے۔ وہی گھڑی تھی وہی گھڑیال مگر دس بجنے میں ہنوز پچیس منٹ باقی تھے۔ حالانکہ اب گیارہ کا وقت تھا۔ اسباب کے ٹھیلے پر پان والا اپنی دکان لگائے بیٹھا تھا۔ قلیوں کا کہیں پتہ نہ تھا۔ ہماری سمجھ میں نہ آتا تھا کہ اسباب کس طرح ریل میں پہنچائیں۔ بمشکل تمام ایک قلی ملا لیکن جیسے ہی اس سے ہم نے اسباب اٹھانے کو کہا اس نے چیں بہ جبیں ہو کر جواب دیا،

"اندھے ہو گئے ہو دکھائی نہیں دیتا کہ ہم قلی ہیں یا اسسٹنٹ اسٹیشن ماسٹر؟"

ہم "معاف کیجیے کا غلطی ہو گئی" کہہ کر پورے ایک گز پیچھے ہٹ گئے۔ اسسٹنٹ اسٹیشن ماسٹر صاحب کو سر سے پیر تک بغور دیکھ کر سوچنے لگے کہ "یا اللہ یہ کیا انقلاب ہے، پہلے تو اس صورت کے قلی ہوا کرتے تھے اب اگر اس صورت کے اسسٹنٹ اسٹیشن ماسٹر ہونے لگے ہیں تو قلی کس صورت کا ہو گا؟" مجبوراً ہم نے اپنا اسباب خود اٹھایا اور دو مرتبہ کر کے سیکنڈ کلاس کے ڈبہ میں رکھا جہاں پہلے سے ایک جنٹلمین بیٹھے چلم پی رہے تھے۔ اسباب قرینہ سے رکھ کر جب ذرا اطمینان ہوا تو ہم نے سوچا کہ یہ تحقیقات کر لینا چاہیے کہ یہی گاڑی کانپور جائے گی یا کوئی اور؟ سب سے پہلے تو ہم نے انہی حضرت سے پوچھا جو ہمارے ڈبہ میں تشریف فرما تھے۔ لیکن انھوں نے صرف یہ جواب دیا کہ "بانی بھیا ہمکا ناہیں مالوم۔" یہ خالص سودیشی ریل کے سیکنڈ کلاس کے معزز پیسنجر تھے۔ ان سے بھلا کیا معلوم ہو سکتا تھا۔ مجبوراً ہم پلیٹ فارم پر آئے اور دو ایک آدمیوں سے پوچھنے کے بعد یہ معلوم ہوا کہ "اگر مسافر کانپور کے زیادہ ہوئے تو وہاں جائے گی ورنہ جہاں کے مسافروں کی تعداد زیادہ ہو گی وہاں چلی جائے گی۔ اسی لیے اب تک انجن نہیں لگایا گیا ہے کہ خدا معلوم ٹرین کو مشرق کی طرف جانا پڑے یا مغرب کی طرف۔" ہم نے گھبرا کر پوچھا،

"لیکن یہ فیصلہ کب ہو گا؟"

جواب ملا کہ "جب گاڑی بھر جائے گی اس وقت فیصلہ ہو سکتا ہے۔"

ہم نے پھر پوچھا۔ "لیکن گاڑی کا وقت تو ہو چکا۔"

جواب ملا کہ ہو جایا کرے جب تک ریل نہ بھر جائے کس طرح چھوڑی جا سکتی ہے، کیا خالی ریل چھوڑ دی جائے؟

اب ہم بالکل راضی بہ رضا ہو کر خاموش ہو گئے۔ اس انتظام کو بُرا اس لیے نہیں کہہ سکتے تھے کہ ہماری ہی دعا تھی، اچھا اس لیے نہیں کہہ سکتے تھے کہ آج ہی کانپور پہنچنا تھا جس کی اب کوئی امید بظاہر نہیں معلوم ہوتی تھی۔ غرض یہ کہ کبھی اپنے ڈبہ میں بیٹھ کر کبھی لوٹے میں پانی لا کر، کبھی انجن کو مشرق اور مغرب کی سمت حدِ نظر تک ڈھونڈ کر کبھی مسافروں کی تعداد کا اندازہ لگا کر وقت کاٹنے لگے۔ گیارہ سے بارہ، بارہ سے ایک، ایک سے دو بجے مگر نہ گھڑی کی سوئی ہٹی نہ ٹرین اپنی جگہ سے ہلی، صرف ہم ٹہلتے رہے۔ خدا خدا کر کے ایک آدمی نے بہ آواز بلند چیخنا شروع کیا "بیٹھنے والے مسافر بیٹھو گاڑی چھوٹتی ہے۔"

ہم نے جلدی سے پہلے مشرق کی طرف انجن کو ڈھونڈا پھر مغرب کی طرف مگر دونوں طرف انجن غائب تھا اور ہماری بالکل سمجھ میں نہ آیا کہ بغیر انجن کے گاڑی کس طرح چھوٹ سکتی ہے اور ان الفاظ پر شک کرنا اس لیے کفر سمجھتے تھے کہ ان کا کہنے والا کوئی غیر ذمہ دار شخص نہ تھا بلکہ وہی اسسٹنٹ اسٹیشن ماسٹر صاحب تھے جن کو ہم قلی سمجھتے تھے۔ بہرحال بغیر کچھ سوچے سمجھے ہم اپنے ڈبہ میں بیٹھ گئے۔ ہمارے بیٹھتے ہی دو تین درجن لٹھ بند گنوار ہمارے درجہ میں گھس آئے، ان سے ہم نے لاکھ کہا کہ "ارے سیکنڈ کلاس ہے، اماں سیکنڈ کلاس ہے، بھائی سیکنڈ کلاس ہے۔" مگر انھوں نے ایک نہ سنی اور یہی کہتے رہے "ہم ہو جانت ہے ڈیوڑھا ہے، ہم ٹکس لیا ہے۔" خیر صاحب ہم چپ ہو رہے اور پلیٹ فارم پر اس غرض سے آئے کہ کسی سے کہہ دیں مگر گارڈ وارڈ نظر نہ آیا مجبوراً انہی اسسٹنٹ اسٹیشن ماسٹر سے عرض کر دیا جس کا جواب انھوں نے اپنی سودیشی شان سے صرف یہ دیا۔

"بیٹھیے جناب سب ہندوستانی برابر ہیں، سب بھائی ہیں، سب بھارت ماتا کے سپوت

ہیں، کوئی کسی سے بڑا یا چھوٹا نہیں ہے۔ اب سیکنڈ کلاس اور تھرڈ کلاس کے فرق کو بھول جائیے۔ سب کو برابر کا سمجھیے، جائیے تشریف رکھیے نہیں تو تھرڈ کلاس میں بھی جگہ نہ ملے گی۔"

ہم یہ کھرا جواب سن کر منہ لٹکائے ہوئے اپنے درجہ میں آ گئے جہاں ہماری جگہ پر قبضہ ہو چکا تھا اور ہم کو یہ طے کرنا پڑا کہ کھڑے کھڑے سفر ہو گا یا غسل خانہ میں جگہ ملے گی۔ مجبوراً اپنا ٹرنک گھسیٹ کر اس پر بیٹھ گئے اور گاڑی چھوٹنے کا انتظار کرنے لگے۔

ہم کو بیٹھے بیٹھے بھی ایک گھنٹہ کے قریب ہو گیا۔ گاڑی بدستور کھڑی رہی۔ گھبرا کر ہم پلیٹ فارم پر آئے تو دیکھا کہ انجن گاڑی میں لگایا جا رہا ہے اور خدا کا شکر ہے کہ کانپور ہی کی طرف لگایا جا رہا ہے۔ لیکن انجن لگنے کے بعد بھی گاڑی جب دیر تک نہ چھوٹی تو ہم نے اس تاخیر کا سبب دریافت کیا۔ معلوم ہوا کہ ابھی سیکریٹری صاحب ٹاؤن کانگریس کمیٹی کا انتظار ہے۔ وہ کانپور جائیں گے۔ انھوں نے کہلا بھیجا تھا کہ بارہ بجے آ جائیں گے لیکن ابھی تک نہیں آئے۔ آدمی لانے کے لیے گیا ہوا ہے۔

یہ پہلا موقع تھا کہ ہمارے ذہن میں یہ سوال پیدا ہوا کہ ہم کانپور جائیں یا ایک روپیہ سے صبر کر کے ارادہ ملتوی کر دیں۔ کام اشد ضروری تھا اس لیے جانا ضروری تھا، گاڑی چھوٹتی نہ تھی۔ اس لیے سفر ملتوی کرنے کا ارادہ تھا۔ عجیب کشمکش میں جان تھی۔ معلوم نہیں وہ کون سا وقت تھا جب ہمارے منہ سے یہ دعا نکلی تھی۔ اب تو اس کو واپس کرنا بھی مشکل تھا اس لیے کہ کفرانِ نعمت کا الزام بھی تو ہم پر لگا دیا جاتا۔ ہم اسی غور و فکر میں اپنے ٹرنک پر گردن جھکائے بیٹھے تھے کہ ایک دم سے "بندے ماترم" کے فلک شگاف نعروں سے اچھل پڑے۔ معلوم ہوا کہ سیکرٹری صاحب ٹاؤن کانگریس کمیٹی تشریف لے آئے۔ ہم نے بھی کھڑکی میں سے جھانک کر دیکھا تو ایک مجمع میں وہی لیڈر

صاحب دکھائی دیے جنھوں نے رات کو تقریر کر کے سوراج دلوایا تھا، اور اب ہم کو معلوم ہوا کہ یہی سیکرٹری ٹاؤن کانگریس کمیٹی ہیں۔

غرض ان کے تشریف لانے کے بعد ہر شخص اپنی اپنی جگہ پر بیٹھ گیا اور انجن بھی سن سن کرنے لگا۔ ایک کھدر پوش زیر پا بزرگوار لال اور سبز کاڑھے کی جھنڈیاں لیے ہوئے بھی نمودار ہوئے اور ہم نے اپنی جگہ پر سمجھ لیا کہ یہ گارڈ ہیں۔ ان گارڈ صاحب نے کرتے کی جیب سے ایک سیٹی نکال کر بجائی اور پہلے سرخ پھر جلدی سے سبز جھنڈی اس طرح ہلانے لگے گویا پہلے غلطی سے سرخ جھنڈی ہلا دی تھی۔ دو تین مرتبہ سیٹی بجا کر اور جھنڈی ہلا کر آخر غصہ میں انجن کی طرف جھپٹے اور ڈرائیور کو ڈانٹا شروع کر دیا۔ گھنٹہ بھر سے سیٹی بجا رہا ہوں مگر تمھارے کان میں آواز نہیں آتی اور آنکھیں بھی پھوٹ گئی ہیں کہ جھنڈا ابھی نہیں دیکھتے۔

ڈرائیور نے بھی ان کے بے جا غصہ کا جواب کڑک کر دیا۔ "جناب آپ آنکھیں مجھ پر کیوں نکال رہے ہیں۔ میرا کیا قصور ہے دو گھنٹہ سے للو فائرمین کوئلہ لینے گیا ہوا ہے۔ کہہ دیا تھا کہ لپک کر جلدی سے لے آ۔ ابھی تک غائب ہے معلوم نہیں کہاں گیا۔ پتہ بھی بتا دیا تھا کہ رکاب گنج کے چوراہے سے یا عیش باغ کے پھاٹک سے لے آنا۔ دو چار پیسے کم زیادہ کا خیال نہ کرنا مگر وہ جا کر مر رہا۔ اب بتائیے میرا کیا قصور ہے۔"

گارڈ صاحب بھی ڈرائیور کو بے قصور سمجھ کر چپ ہو گئے اور کوئلہ کے انتظار میں گاڑی روکنے پر مجبور ہو گئے۔ انجن میں یہ بڑی بری بات ہے کہ وہ بغیر کوئلہ کے چل ہی نہیں سکتا۔ جس طرح گھوڑے کے لیے دانہ گھاس ضروری ہے بالکل اسی طرح جب تک کوئلہ بھر نہ دیا جائے انجن چلنے کا نام نہیں لیتا۔ گھوڑا بیچارہ تو تھوڑی دیر بھوکا بھی چل سکتا ہے مگر یہ اتنا بھی کام نہیں دے سکتا۔ اب بتائیے کہ ریل بھی تھی، انجن بھی، مسافر بھی

تھے، گارڈ بھی، سیکرٹری صاحب ٹاؤن کانفریس کمیٹی بھی آگئے تھے اور ڈرائیور بھی تھا مگر ایک کوئلہ کے نہ ہونے کے سبب کا ہونا نہ ہونا یکساں تھا۔ کامل ڈیڑھ گھنٹہ بعد للّو فائرمین کوئلہ کی گٹھڑی لیے کہ کہتا ہوا آپہنچا،

"آدھی رات کو کوئلہ منگانے چلے ہیں۔ تمام دکانیں بند ہو چکی تھیں۔ ایک دکان پر اتنا سا کوئلہ تھا وہ بھی بمشکل تمام ایک روپیہ نو آنہ میں ملا ہے۔ بھاگتا ہوا آرہا ہوں، راستہ میں گر بھی پڑا تھا۔ تمام گھٹنے چھل گئے کوئلہ وغیرہ دن سے منگالیا کرو۔"

ڈرائیور نے جلدی سے کوئلہ ڈالا اور سیٹی بجا کر گاڑی چھوڑ دی، گاڑی چلی ہی تھی کہ ایک شور مچ گیا۔ "روکو۔ روکو۔ گارڈ صاحب رہ گئے۔" گاڑی رکی اور گارڈ صاحب کو سوار کرکے چلی۔ ابھی دو فرلانگ بھی مشکل سے چلی ہوگی کہ گاڑی پھر رکی اور گارڈ صاحب نے ڈرائیور سے چلا چلا کر پوچھنا شروع کیا، "ارے لائن کلیر بھی لے لیا تھا۔ لائن کلیر۔" ڈرائیور نے بھی چلا کر جواب دیا۔ "لے لیا تھا۔ لے لیا تھا۔" گارڈ صاحب نے جب اس طرف سے بھی اطمینان کرلیا تو پھر فرمایا۔ "اچھا تو چھوڑو گاڑی میں سیٹی بجاتا ہوں۔" گاڑی پھر چلی۔

اب گاڑی کی رفتار کے متعلق ہم نے سوچنا شروع کیا کہ یہ میل ہے یا ایکسپریس، اس لیے کہ اس سے زیادہ تیز شاید ہم خود چل لیتے اور اگر ابھی شرط بد کر دوڑیں تو اس گاڑی سے پہلے کانپور پہنچنے کا وعدہ کرتے ہیں۔ ہم سے آخر نہ رہا گیا اور اپنے شریک سفر سے پوچھا۔ "کیوں صاحب یہ میل ہے یا ایکسپریس۔" وہ پہلے ہی کچھ خفا بیٹھے تھے۔ غالباً گاڑی پر ہوں گے، غصہ ہم پر اتارا، اور جھڑک کر فرمانے لگے۔ "میاں خدا کا شکر کرو کہ یہ گاڑی ہی ہے، تم میل ایکسپریس لیے پھر رہے ہو۔" ان کا جواب سن کر ہم نے کھڑکی میں گردن ڈال کر جنگل کی سیر کرنا شروع کردی مگر سیر سے زیادہ دلچسپ منظر یہ تھا کہ

راستہ کے نئے مسافر چلتی گاڑی پر سوار ہوتے جاتے تھے اور گاڑی چھک چھک چل رہی تھی۔ اسی رفتار سے چل کر گاڑی اموسی کے اسٹیشن پر رکی۔ اب وہاں ایک نیا جھگڑا یہ شروع ہو گیا کہ اسٹیشن ماسٹر اموسی نے ڈرائیور پر خفا ہونا شروع کیا کہ،

"جب تک میں نے سگنل نہیں دیا تم کو اسٹیشن میں گاڑی لانے کا حق کون سا تھا؟"

ڈرائیور، "جب آپ نے گاڑی آتے دیکھ لی تھی تو سگنل کیوں نہیں دیا؟"

اسٹیشن ماسٹر، "ایک تو گاڑی لے آیا اوپر سے زبان لڑاتا ہے۔ ابھی نکلوادوں گا اور دوسرا ڈرائیور رکھ لوں گا جو مجھ سے گستاخی کی۔ اگر گاڑی لڑ جاتی تو تمھارا کیا جاتا، آئی گئی سب ہم پر آتی۔"

ڈرائیور، دیکھیے زبان سنبھال کر کسی شریف آدمی سے باتیں کیا کیجیے، نوکری کی ہے عزت نہیں بیچی ہے۔ بڑے آئے وہاں سے نکالنے والے، جیسے ہم ان ہی کے تو نوکر ہیں۔ اچھا کیا گاڑی لائے، خوب کیا گاڑی لائے۔ اب اس ضد پر تو ہزار مرتبہ لائیں گے، دیکھیں ہمارا کوئی کیا کرتا ہے۔"

اسٹیشن ماسٹر، "دیکھیے گارڈ صاحب منع کر لیجیے اس کو، کیسی کمینہ پن کی باتیں کر رہا ہے۔ افسری ماتحتی کا کچھ خیال نہیں۔ میں چھاتی پر چڑھ کر خون پی لیتا ہوں۔"

گارڈ، "جانے بھی دو، اماں جانے بھی دو، ہائیں ہائیں یہ کیا کرتے ہو، اماں تم ہی ہٹ جاؤ، بھائی تم ہی ہٹ جاؤ۔ ارے، ارے چھوڑو بھی، ہٹو بھی، سنو تو سہی، ارے یار سنو تو۔"

اسٹیشن ماسٹر نے ڈرائیور کو اور ڈرائیور نے اسٹیشن ماسٹر کو گھونسے لاتیں، تھپڑ، جوتے رسید کرنا شروع کر دیے اور تمام مسافر یہ جھگڑا دیکھنے کھڑے ہو گئے۔ بمشکل تمام گارڈ نے بیچ بچاؤ کیا اور سمجھا بجھا کر دونوں کو ٹھنڈا کیا۔ ابھی بیچارہ سمجھا ہی رہا تھا کہ کسی نے

آ کر نہایت گھبرائی ہوئی آواز میں کہنا شروع کیا،

"گارڈ صاحب اے گارڈ صاحب! اجی وہ مال گاڑی سامنے سے آ رہی ہے اور اسی پٹڑی پر آ رہی ہے، غضب ہو گیا۔"

گارڈ بھی یہ سنتے ہی بدحواس ہو گیا اور چیخنا شروع کر دیا،

"مسافرو جلدی اترو جلدی اترو، گاڑی لڑتی ہے، گاڑی لڑتی ہے، جلدی اترو۔"

سب مسافر گربڑا کر اپنا اسباب کچھ لے کر کچھ چھوڑ کر گاڑی سے نکل آئے اور دیکھتے ہی دیکھتے مال گاڑی جس کا ڈرائیور سو گیا تھا اس گاڑی سے اس بری طرح ٹکرائی کہ کھڑکی کا شیشہ ٹوٹ کر میرے منہ پر آ پڑا۔ میں ایک دم سے چونک پڑا۔ حقہ کی نَے میرے منہ پر آ کر گری تھی۔ حقہ جل چکا تھا، آرام کرسی بھی شبنم سے تر ہو گئی تھی اور گھڑی میں بیپ دو بجنے کے قریب تھے۔ میں کرسی سے اٹھ کر چارپائی پر لیٹ گیا۔ اس لیے کہ اب گاڑی تو سونے کی وجہ سے چھوٹ چکی تھی۔ اب ہو ہی کیا سکتا تھا سوائے آرام سے سونے کے۔

***

اتوار

وہ مبارک و مسعود دن جس کی قدر شاہ داند یا بداند جوہری "یعنی یا تو عیسائی سمجھ سکتے ہیں یا ہمارے ایسے ملازمت پیشہ ان لوگوں کا یہاں ذکر ہی نہیں جو گھر بیٹھے شنبہ دوشنبہ" سب کو ایک ہی لاٹھی ہانکا کرتے ہیں اور ان کو خبر بھی نہیں ہوتی کہ ہفتہ کے بعد کون سا دن آنے والا ہے۔ سچ تو یہ ہے کہ وہ لوگ اتوار کی کیا قدر کر سکتے ہیں۔ ان کے نزدیک جیسے بدھ اور منگل ویسے ہی اتوار۔ اس اتوار کی قدر تو کوئی ہمارے دل سے پوچھے کہ یہی وہ دن ہے۔

دن گنے جاتے تھے جس دن کے لئے

یقین کیجئے کہ اس دن کا انتظار پیر کے دن سے شروع ہو جاتا ہے۔ بات اصل میں یہ ہے کہ ہمارے ایسے بیچارے ملازمت پیشہ خدا کے بندے اپنی ذاتی زندگی کا دن تمام ہفتہ صرف اتوار ہی کو سمجھتے ہیں، اس کے علاوہ باقی تمام دن کی بندگی اور بیچارگی میں اس طرح گزارتے ہیں کہ ہم کو اپنے انسان ہونے کا ایک دفعہ بھی احساس نہیں ہوتا، معلوم ہوتا ہے کہ کوئی مشین ہے، اگر لکھنے والا بٹن دبا دیا گیا تو لکھ رہے ہیں، اگر بیٹھنے والا پرزہ چلا گیا تو بیٹھے ہوئے ہیں، مختصر یہ کہ صبح ہوتے ہیں دفتر آنا، دفتر میں ایک مقررہ خدمت انجام دینا شام کو دفتر سے جانا سب کچھ اس طرح ہوتا ہے کہ

اپنی خوشی نہ آئے نہ اپنی خوشی چلے

کی ایک متحرک تصویر معلوم ہوتے ہیں۔ ہم نے کبھی یہ غور نہیں کیا کہ علاوہ اتوار کے ہم انسان بھی رہتے ہیں یا نہیں اور نہ اس مسئلہ پر غور کرنے کا موقع ملا لیکن جب کبھی اتوار کے دن ہم نے اپنی زندگی پر غور کیا تو یہی نتیجہ نکلا کہ ہماری زندگی کے دن شمار کرنے والے جو چاہیں شمار کریں لیکن ہم تو یہی سمجھتے ہیں کہ بس اتوار کا دن تو ہماری زندگی کے دنوں میں شمار کئے جانے کے قابل ہے اس کے علاوہ باقی دن تو خدا جانے ہم زندگی بسر کرتے ہیں یا زندگی ہم کو بسر کرتی ہے اب اس سے اندازہ فرمایئے اگر بجائے بہادر شاہ ظفر کے آپ کے جناب غالب صاحب قبلہ ہم کو یہ دعا دیتے ہیں کہ

تم سلامت رہو ہزار برس

ہر برس کے ہوں دن پچاس ہزار

تو یا تو ہم ان سے کہتے کہ قبلہ عالم یہ دعا آپ ہی کو مبارک رہے۔ ہم کو تو ایسی دعا دیجئے کہ ہماری جتنی زندگی بھی ہے اس میں چاہے کچھ تخفیف کر دی جائے لیکن ہر دن اتوار بن جائے یا کم از کم ہفتہ میں دو تین مرتبہ تو اتوار آیا کرے۔

ذرا غور تو فرمایئے کہ ایک اتوار کا دن ہفتہ بھر کے بعد آتا ہے جس میں معمولی دنوں کی طرح بارہ گھنٹے ہوتے ہیں۔ ان ہی بارہ گھنٹوں میں اپنی خوشی کھانا کھائے، اپنی خوشی نہائے، اپنی خوشی بال بنوائے، اپنی خوشی سیر کو جایئے اور اگر کہیں اپنی خوشی سو رہے تو تمام کام آئندہ اتوار تک ملتوی یا اگر بیگم صاحبہ نے موقع غنیمت جان کر اور وقت کی قدر کرتے ہوئے اپنی خوشیاں پوری کرانا شروع کر دیں تو بس دن بھر گھر سے بزاز کی دکان، گھر سے اناج کی منڈی، گھر سے جوتے والے کی دکان، گھر سے گوٹا کناری، لیس، بانکڑی والے کی دکان کے سو سو چکر کاٹنے اور چورن چٹنی دال کا مسالہ فراہم کرتے کرتے شام کو اس طرح تھک کر پڑے رہیے گویا دن بھر ہل جوتا ہے۔ قصہ یہ کہ ہمارا تمام پروگرام

ہفتہ بھر اتوار کے دن کے لیے ملتوی رہتا ہے اور اسی طرح بیگم صاحبہ بھی اتوار کی تاک میں لگی رہتی ہیں، نتیجہ یہ ہوتا ہے کہ اتوار کے دن ہمارا ذاتی پروگرام ایسا ہو جاتا ہے کہ ہفتہ بھر کا کھایا پیا نکلوا کر چھوڑتا ہے۔ ہم تو تمام ہفتہ یہ کرتے ہیں کہ بالوں پر ہاتھ پھیرا اور زیر لب کہہ دیا اب کی اتوار کو بنوائیں گے، جوتے پر نظر پڑی اور طے کر لیا اب کی اتوار کو پالش ہوگی، کپڑوں کو دیکھا اور ارادہ کر لیا کہ "اب کی اتوار کو نہا کر بدلیں گے۔" کسی نے نہ ملنے کی شکایت کی تو وعدہ کر لیا کہ اب کی اتوار کو حاضر ہوں گا، کوئی مر گیا تو تعزیت کے لیے بھی اتوار کا دن مقرر کیا گیا، کسی نے ہم سے ملنے کو کہا تو اتوار کا دن دیا، کہیں سفر کو جانا ہے تو اتوار کے دن کی سفر کی ٹھہری، شکار کو دل چاہا تو اتوار پر اٹھا رکھا۔

غرضیکہ تمام ہفتہ جو جو باتیں ہم کو اپنی زندگی کے متعلق یاد آئیں ہم نے سب کو اتوار کے سپرد کر دیا لیکن ہم کو یہ خبر نہیں ہوتی کہ اسی طرح بیگم صاحبہ نمک ختم ہونے پر، کپڑے پھٹنے پر، زیور ٹوٹنے پر، غرضیکہ ہر بات پر اتوار کو یاد کیا کرتی ہیں اور اتوار کے دن ان کو وہ باتیں سوجھتی ہیں کہ ہمارے فرشتوں کو بھی نہیں سوجھ سکتیں۔ وہ تو کہیئے اس دن ہمارے دفتر کی طرح ہسپتال کچہریاں، ڈاک خانہ، مدرسے وغیرہ سب بند ہوتے ہیں ورنہ بچوں کو ہسپتال لے جانا، سکول میں نام لکھوانا وغیرہ بھی اسی دن پر اٹھا رکھا جاتا اور اب شکر ہے کہ ہم کو اس سے ایک طرح کی یکسوئی حاصل ہے اس میں شک نہیں کہ اتوار کے دن کی مشغولتیں معمولی دنوں سے دگنی اور چوگنی ہوتی ہیں لیکن اس کے باوجود ہم اتوار کے عاشق صرف اس لئے ہیں کہ وہ تمام مشغولتیں ہم کو اپنی اور اپنی ذاتی زندگی سے متعلق معلوم ہوتی ہیں اور باقی دنوں میں تو نہیں معلوم ہم کس طرح اور کس کے لئے جیتے ہیں۔

٭٭٭

کرکٹ میچ

بعض دوستوں نے سیالکوٹ چلنے کو کہا تو ہم فوراً تیار ہو گئے مگر جب یہ معلوم ہوا کہ اس سفر کا مقصد کرکٹ میچ ہے تو یکایک سانپ سونگھ گیا۔ سفر کا تمام ولولہ ایک بیتی ہوئی یاد کی نظر ہو کر رہ گیا۔ اب لاکھ لاکھ سب پوچھتے ہیں کہ چکر آ گیا ہے۔ فالج گرا ہے۔ قلب کی حرکت بند ہو رہی ہے۔ آخر واقعہ کیا ہے مگر کسی کو کچھ نہ بتا سکتے اس لیے کہ کوئی معمولی بات نہ تھی کہ سرسری طور پر بتا دی جاتی۔ اس لیے کہ جس تفصیل کی ضرورت ہے وہ اس وقت میسر نہ تھی۔ اب میسر ہونے کا امکان ہے تو عرض کیے دیتے ہیں۔

آپ گھبرائیے گا نہیں اور نہ اس کو بدحواسی سمجھیے گا یہ کرکٹ کا قصہ ہے اور ہاکی سے شروع ہو رہا ہے۔ ہم آپ کو یقین دلاتے ہیں کہ ہم کو ہاکی اور کرکٹ کی فرق معلوم ہے۔ مثلاً ہاکی کا گیند سفید ہوتا ہے اور کرکٹ کا کالا اور مثلاً۔۔۔ مثلاً۔۔۔ یہ۔ مطلب یہ کہ مثال کے طور پر سینکڑوں فرق عرض کیے جا سکتے ہیں۔ خوب یاد آیا مثلاً کرکٹ میں رَن بنائے جاتے ہیں اور ہاکی میں گول۔ ہاکی میں گول کیپر ہوتا ہے اور کرکٹ میں وکٹ کیپر۔ مطلب عرض کرنے کا یہ ہے کہ زمین آسمان کا فرق ہے ان دونوں کھیلوں میں۔ اور ہم کرکٹ کی داستان جو ہاکی سے شروع کر رہے ہیں اس کا بخدا یہ مطلب نہیں ہے کہ اب ہم اتنے ہی گویا گاؤدی ہیں کہ ہاکی کو کرکٹ یا کرکٹ کو ہاکی سمجھتے ہیں۔ بلکہ کرکٹ کی داستان ہاکی سے شروع کرنے کی وجہ یہ ہے کہ ہمارا قصہ اصل میں ہاکی ہی سے شروع ہوتا

ہے۔

اسکول کے زمانے میں ہم ہاکی کھیلا کرتے تھے اور کچھ اچھا ہی کھیلتے تھے کہ ہم کو اسکول کی اس ٹیم میں لے لیا گیا تھا جو ٹورنامنٹ کھیلنے والی تھی۔ چنانچہ ہم ٹورنامنٹ کے میچوں میں کھیلے اور خوش قسمتی سے ہماری ٹیم فائنل میں بھی پہنچ گئی۔ پہنچ کیا گئی، بلکہ جیت ہی جاتی اگر ہماری نظریں عین اس وقت جب کہ ہم آسانی سے گول بچا سکتے تھے تماشائیوں میں والد صاحب پر نہ پڑ جاتیں جو آئے تو تھے میچ دیکھنے مگر آنکھیں بند کیے کچھ بڑبڑا رہے تھے اور کچھ عجیب رقت انگیز چہرہ بنا ہوا تھا ان کا۔ ہم نے ان کو دل ہی دل میں کہا کہ آج کہاں آگئے اور وہاں شور ہوا گول ہو جانے کا۔ اس شور سے ہم بھی چونکے اور والد صاحب نے بھی آنکھیں کھول دیں اور کچھ ایسی قہر آلود نگاہوں سے دیکھا کہ ہم کو ہاکی سے طبیعت اچاٹ کر کے رکھ دی۔ اب ہماری ٹیم لاکھ لاکھ زور لگاتی ہے گول اتارنے کے لیے مگر معلوم ہوتا ہے کہ اس طرف کی ٹیم کے کسی کھلاڑی کے والد صاحب تماشائیوں میں تھے ہی نہیں۔ نتیجہ یہ کھیل ختم ہو گیا اور ہماری ٹیم ہار گئی۔ اب جس کو دیکھیے وہ ہم ہی کو اس کا ذمہ دار ٹھہرا رہا ہے۔

"بھئی یہ ہوا کیا تھا۔ سو گئے تھے کیا؟"

"کمال کر دی تم نے گیند ٹہلاتا ہوا تمہارے سامنے سے گول میں چلا گیا اور تم منھ اٹھائے کھڑے رہے۔ حد کر دی تم نے بھی۔"

"ہارنے کا افسوس نہیں ہے۔ مگر یہ تو مفت کی ہار ہوئی۔"

تماشائیوں میں سے ایک صاحب کہتے ہوئے نکل گئے۔ "رشوت میں افیم ملی تھی کھانے کو، گولی کھا کر گول کرا لیا۔"

اب کسی کو ہم کیا بتاتے کہ ہم پر کیا قیامت گزر رہی تھی اس وقت۔ لعنتیں برستی

رہیں ہم پر اور ہم سر جھکائے سب کچھ سنا کئے اس لیے کہ واقعی قصور اپنا ہی تھا۔ دوسری اس لعنت ملامت کی پرواہ کس کو تھی۔ دل تو اس وقت کے تصور سے دھڑک رہا تھا جب گھر پہنچ کر والد صاحب کے سامنے پیشی ہو گی۔ بمشکل تمام اس مجمع سے جان بچا کر تھکے ہارے گھر جو پہنچے تو ڈیوڑھی میں قدم رکھتے ہی والد صاحب کی گرجدار آواز سنائی دی۔

"مگر میں پوچھتا ہوں کہ مجھے آج تک کیوں نہ معلوم ہوا کہ صاحبزادے کو خودکشی کا یہ شوق بھی ہے، تم تو یہ کہہ کر چھٹی پا گئیں کہ یہی ہوتا ہے کھیل کود کا زمانہ۔"

والدہ صاحبہ نے فرمایا "تو کیا غلط کہا میں نے کس کے بچے نہیں کھیلتے۔"

والد صاحب نے میز پر گھونسہ مارتے ہوئے فرمایا۔ "پھر وہی کھیل اے جناب یہ موت کا کھیل ہوتا ہے موت کا۔ گولیوں کی بوچھاڑ ہوتی ہے ہر طرف اور خدا ہی کھیلنے والوں کو بچاتا ہے۔ میر اصغر علی کا نوجوان لڑکا ہائے کیا تندرستی تھی اس کی۔ اس کھیل کی نذر ہو گیا۔ کلیجہ پر پتھر کا گیند لگا سانس بھی نہ لی اور جان دے دی۔ باپ نے بڑھ کر پیشانی کو بوسہ دیا اور آج تک کلیجہ پکڑے پھرتے ہیں۔ اگر کچھ ہو جائے اس کے دشمنوں کو تو تمہارا کیا جائے گا۔ میں تو ہائے کر کے رہ جاؤں گا دونوں ہاتھ مل کر۔"

والدہ صاحبہ نے کہا "اللہ نہ کرے ایسے کلمے زبان سے بھی نہ نکالو آئے گا تو سمجھا دوں گی کہ یہ جان جوکھوں کا کھیل نہ کھیلا کرے۔"

والد صاحب نے کہا۔ "بخدا جتنی دیر کھڑا میچ دیکھتا رہا گڑگڑا کر دعائیں مانگتا رہا کہ پروردگار تو ہی اس کا حافظ و ناصر ہے۔ اختلاج کے دورے پر دورے پڑ رہے تھے کہ دیکھیے قسمت کیا دکھاتی ہے آج۔ ارے بھئی کھیلنے کو میں منع نہیں کرتا۔ شطرنج کھیلے، پچیسی کھیلے، پروں کے گیند سے ایک کھیل کھیلا جاتا ہے، بھلا سا نام ہے اس کا وہ کھیلے، ٹینس تک غنیمت ہے۔ مگر یہ تو ایسا نامراد کھیل ہے کہ میر اصغر علی کلیجہ پکڑ کر رہ گئے تھے۔"

والدہ صاحبہ نے وہم میں مبتلا ہو کر کہا۔ دور پار مدعی۔ اب بار بار میر اصغر علی موئے کا ذکر کیوں کر رہے ہو، کہہ تو چکی ہوں کہ سمجھا دوں گی۔"

والد صاحب نے فیصلہ کن انداز سے کہا، "میں طے کر رہا تھا کہ علی گڑھ بھیج دوں گا اس کو۔ مگر اب تو جب تک مجھے پوری طرح یقین نہ ہو جائے کہ صاحبزادے کا ان خطرناک مشاغل سے کوئی تعلق نہیں ہے اس وقت تک ناممکن ہے میرے لیے ان کو علی گڑھ بھیج دینا۔"

ہم نے دل ہی دل میں کہا یہ تو غضب ہو گیا۔ یہاں اسی امید پر جی رہے ہیں کہ اب علی گڑھ جائیں گے۔ ہوسٹل میں رہیں گے۔ کالج میں پڑھیں گے اور صحیح طالب علمانہ زندگی کا لطف تو اب آئے گا۔ اور وہاں اس ہاکی سے خدا سمجھے، اس نامراد نے اس امید پر پانی پھیر کر رکھ دیا۔ اب ڈیوڑھی میں کھڑا رہنا ناممکن بن گیا۔ ہمت کر کے قدم اٹھایا اور اس طرح والد صاحب کے سامنے آگئے گویا کوئی بات ہی نہیں ہے۔ والد صاحب تو انتظار میں بیٹھے ہی تھے، دیکھتے ہیں مخاطب کیا۔

"میاں ذرا بات تو سنو۔ یہ ہاکی کب سے شروع کی ہے۔"

عرض کیا، "جی ہاکی؟ ہاکی سے تو دل کھٹا ہو گیا آج۔ اب کبھی جو کھیلوں میں یہ خطرناک کھیل۔ امی جان مجھے بھلا کیا معلوم تھا کہ ایسا خطرناک ہوتا ہے یہ کھیل۔ میں نے تو آج سے کان پکڑ لیے بلکہ آج تو یہاں تک ہوا کہ ایک مرتبہ گیند خود بخود میرے قریب آگیا کہ تم میرے پاس نہیں آتے تو میں تمہارے پاس آرہا ہوں مگر میں نے اس کو ڈر کے مارے چھوا تک نہیں کہ نہ جانے کیا واردات ہو۔۔۔"

والد صاحب نے اطمینان کا سانس لیتے ہوئے کہا۔ "میں تو خود حیران تھا کہ یہ تم کو ہاکی کھیلنے کی کیا سوجھی۔"

عرض کیا، "بیوقوفی تھی میری۔ کھیل کی وردی پہننے اور ٹیم کے ساتھ جانے کا شوق تھا۔ مگر اللہ بچائے میرا تو خون خشک ہو کر رہ گیا۔"

امی جان نے کہا۔ "تم سے زیادہ تمہارے ابا جان اپنا خون خشک کر کے آئے ہیں۔ یہ بھی گئے تھے دیکھنے۔"

ہم نے بڑی معصومیت سے کہا۔ "اچھا۔ آپ بھی گئے تھے۔ میں نے نہیں دیکھا۔ مگر میں تو باز آیا ایسے کھیل سے جن کو جان دینا ہو اپنی وہ کھیلے یہ کھیل۔"

والد صاحب کو سولہ آنے یقین ہو گیا کہ برخوردار ذاتی طور پر ویسے ہی بزدل واقع ہوئے ہیں جیسا وہ چاہتے ہیں اور حسبِ معمول علی گڑھ جانے کا پروگرام بنتا رہا۔ جہاں تک ہاکی سے تائب ہونے کا قصہ ہے وہ بھی جھوٹ نہ تھا۔ ایک تو رعایتی حیثیت سے اس اسکول کی پہلی ٹیم میں لیے گئے تھے۔ دوسرے فائنل میچ میں مخالف سمت سے آنے والے گیند کے ساتھ جو اخلاق برت چکے تھے۔ اس کے بعد یہ سوال ہی نہ پیدا ہوتا تھا کہ پھر بھی ہم کو ٹیم میں رہنے دیا جائے گا۔ لہٰذا یہ تائب ہونے والی بات بھی منجانب اللہ کچھ سچ مچ ہی ثابت ہوئی اور ہاکی سے واقعی نجات مل گئی۔ اسکول میں کچھ دن فائنل ہارنے کا یہ قصہ لطیفہ اور ہم اس لطیفے کے ہیرو بنے رہے مگر اس کے بعد بات آئی گئی ہو گئی۔ اور امتحان میں کامیاب ہونے کے بعد تو ہاکی سے کیا اسکول ہی سے کوئی واسطہ نہ رہا۔

علی گڑھ میں داخلہ لینے کے بعد اس قسم کے جان جوکھم کھیلوں کے علاوہ اور بھی بیشمار تفریحی مشاغل کہ کالج کے باہر کی زندگی بے رونق سی محسوس ہونے لگی۔ اور کچھ ایسا دل لگا کہ حساب جو لگایا تو یہ صرف چار سال کی بہار تھی۔ حالانکہ دل یہ چاہتا تھا کہ یہ جنت اتنی بے ثبات تو ثابت نہ ہو۔ چنانچہ اس کا خود ہی انتظام کرنا پڑا۔ کہ اب ایسی بھی کیا جلدی کہ ہر سال پاس ہی ہوتے چلے جائیں۔ اگر ہر جماعت میں صرف ایک ایک سال

فیل ہوتے رہیں تو آسانی سے یہ نعمت دوگنی ہو سکتی۔ اور آٹھ سال تک ان دلچسپیوں کے مزے لوٹ سکتے۔ اسی پروگرام کے ماتحت ذرا اطمینان سے پڑھتے رہے۔ بعض سفر ایسے دلچسپ ہوتے ہیں اور راستے کی فضائیں مسافر کو ایسا موہ لیتی ہیں کہ وہ میل ٹرین کے سفر کے بجائے پسنجر میں سفر کرنا چاہتا ہے۔ کچھ اس قسم کی پسنجر ٹرین سے ہم نے کالج، کالج کا سفر طے کرنا شروع کیا کہ ہر اسٹیشن پر ٹھہر ٹھہر کر سفر کر رہے ہیں۔ اسکے متعدد فائدے پیچ پہنچے۔ ایک تو یہ کہ وہ جو خامکاری مسلسل اور متواتر پاس ہونے میں عام طور پر پائی جاتی ہے۔ اور جس کی بدولت حصول تعلیم کا مقصد رفتہ رفتہ فوت ہو جاتا ہے۔ الحمد للہ کہ وہ خامکاری پیدا نہ ہوئے اور پختگی کے علاوہ ایک عجیب ٹھوس قسم کی تجربہ کاری خود بخود پیدا ہوتی رہی۔ اس کے علاوہ کالج کی زندگی کے وہ گوشے بھی دریافت ہوتے رہے جو پاس ہونے والے طالب علموں کو پاس ہونے کی خود غرضانہ جلدبازی کے بدولت نظر ہی نہیں آتے۔ پھر سب سے بڑی بات یہ کہ جو پاس ہونے والے طالب علم ہوتے ہیں۔ ان کا کام سوائے پڑھنے کے اور کچھ نہیں ہوتا۔

یہی وجہ ہے کہ عملی زندگی میں جب قدم رکھتے ہیں تو نہایت نامعقول ثابت ہوتے ہیں۔ ملازمت تو خیر مل جاتی ہے، مگر اجلاس کے کٹہرے میں اس طرح بیٹھتے ہیں جیسے طوطا اپنے پنجرے میں چنے کی دال کی کلیا پر بیٹھا کھا رہا ہو، نہ ان میں اختراع اور حدّت کی صلاحیت ہوتی ہے، نہ کسی قسم کی اپچ۔ بس لکیر کے فقیر ہوتے ہیں اور صورت سے یتیمی برستی ہے۔

برعکس ان کے وہ طالب علم جو کالج میں صرف پڑھتے ہی نہیں اور بھی بہت کچھ کرتے ہیں۔ خواہ پڑھے لکھے ثابت نہ ہوں لیکن بہت کچھ ضرور ثابت ہوتے ہیں۔ عجیب مصروف زندگی ہوتی ہے۔ ان مرنجانِ مرنج طالب علموں کی۔ کہیں ٹیم جا رہی ہے۔ اور

وہ بھی ساتھ ہیں۔ راستہ میں شرارتیں ہو رہی ہیں۔ جس شہر میں ٹیم گئی ہے۔ وہاں کی سیر، دعوتیں، پھر میچ کا معرکہ، کالج میں ہیں تو آج یونین کے انتخابات کی سیاست کے لیڈر بنے ہوئے ہیں۔ کل بھی مشاعرے کی مجلس انتظامیہ کے رکن ہیں۔ پرسوں یونیورسٹی پارلیمنٹ کی حزب مخالف کے رکن رکین ہیں۔ اگر کافی فیل ہوئے تو طالب علموں کے علاوہ پروفیسروں کے بھی دوست ہیں۔ جونیئر قسم کے طالب علموں کے والدین بنے ہوئے ہیں۔ مختصر یہ کہ عجیب ہنگامہ خیز مصروفیت ہوتی ہے اور زندگی تجربوں سے مالا مال ہوتی رہتی ہے۔

کچھ اسی قسم کی زندگی کالج میں اختیار کر رکھی تھی اور یہ طے تھا کہ جلدی کا کام شیطان کا۔ ہم تو اطمینان سے ذرا سیر کرتے ہوئے کالج سے نکلیں گے اور طالب علم جو نصاب سال بھر میں گھاس کاٹنے کی طرح ختم کر دیا کرتے تھے۔ اس کو ہم دل لگا کر دو سال میں ختم کر رہے تھے کہ پہاڑ سر پہ یہ ٹوٹا کہ والد صاحب کی عمر دغا دے گئی اور ہم کو کالج چھوڑنا ہی پڑا۔ مگر اتنے دنوں تک کالج میں رہنے کا نتیجہ یہ ہوا کہ اپنے شہر میں ایک قسم کی دھاک سی بیٹھ گئی۔ احباب و اعزہ کو جب کالج کے قصے سنانے بیٹھ جاتے تو بڑا اثر ہوتا سب پر۔ ان ہی قصوں میں ایک قصہ کرکٹ کے متعلق بھی تھا کہ کالج چھوڑنے سے ہم کو صرف یہ نقصان پہنچا ہے کہ تعلیم ادھوری رہ گئی مگر خود کالج کو یہ نقصان پہنچا ہے کہ اب مدت تک اس کو کرکٹ کا کپتان نہ ملے گا۔ اتفاق سے یہ قصہ مقامی کرکٹ ٹیم کے کپتان صاحب کو سنا رہے تھے جن کو یہ خبر نہ تھی کہ کرکٹ ٹیم کے ساتھ خود اپنے خرچ سے اِدھر ادھر جانے کا اتفاق تو ضرور ہوا تھا مگر آج تک کرکٹ کا بلا چھونے کی نوبت نہ آئی تھی۔ مگر سوال تو یہ تھا کہ وہ ٹھہرے مقامی کرکٹ ٹیم کے کپتان، ان سے آخر ہم بات کرتے تو کیا کرتے۔ اور اتنے دنوں تک علی گڑھ میں رہنے کا رعب جماتے تو کیسے

جماتے۔ ان کے نزدیک علی گڑھ کالج میں سوائے کرکٹ کھلانے کے اور کچھ گویا سکھایا ہی نہ جاتا تھا۔ دھوم تھی علی گڑھ کرکٹ ٹیم کی۔ لہٰذا اگر وہ ہمارے قائل ہو سکتے تھے تو صرف اس طرح کہ ہم اپنے کو اسی مشہور و معروف ٹیم کا کپتان ثابت کریں۔

مقامی ٹیم کے کپتان صاحب نے کہا۔ کیا بات ہے۔ صاحب علی گڑھ کی ٹیم کی۔ تو گویا آپ کپتان تھے اس کے۔

عرض کیا، "زندگی عذاب تھی صاحب آج بمبئی جا رہی ہے ٹیم تو کل دہلی اور پرسوں کلکتے۔ دو مرتبہ تو ولایت جانے کے لیے بھی اصرار ہوا بمشکل جان چھڑائی۔ اپنی بات یہ بھی کہ ایک مرتبہ بمبئی میں ایک معرکہ کا میچ ہوا اتفاق سے سب سے پہلے میں ہی کھیلنے گیا۔ اب جناب ہوا یہ کہ میرے علاوہ دس کے دس کھلاڑی آؤٹ ہو گئے اور میں سات سو رن بنا کر ناٹ آؤٹ واپس آیا۔"

کپتان صاحب نے گویا آؤٹ ہوتے ہوئے کہا، "جی کیا کہا، سات سو رن ناٹ آؤٹ۔"

نہایت انکسار سے عرض کیا، "ناٹ آؤٹ تو خیر اکثر رہا ہوں البتہ رن سب سے زیادہ ملیں، یہی سات سو بنائے۔ اس کے بعد کلکتہ میں بنائے تھے پانچ سو چھیاسی رن۔"

وہ اور بھی حیرت سے بولے۔ "پانچ سو چھیاسی حیرت ہے صاحب۔"

اور وہ اسی حیرت میں غرق چلے گئے ہم کو کیا معلوم تھا کہ یہ معصوم قسم کا وقتی جھوٹ رنگ لا کر رہے گا، چنانچہ ایک ہفتہ کے بعد وہ چار پانچ کرکٹ کے کھلاڑیوں کا ایک وفد لے کر تشریف لے آئے۔ سب سے اس خاکسار کا تعارف کرایا گیا۔ گویا محض ہمارے بھروسے پر ٹیم ٹورنامنٹ میں داخل کر دی ہے اور طے یہ کیا ہے کہ کپتان آپ ہی رہیں گے۔ لاکھ انکار کیا، بہت کچھ سمجھایا کہ کرکٹ چھوڑے مدت ہو چکی ہے۔ مگر تو بہ

کیجیے یقین کون کرتا تھا۔ وہاں حساب لگائے بیٹھے تھے کہ ہاتھی لاکھ لٹے گا۔ پھر بھی سوا لاکھ کا۔ سات سو اور پانچ سو چھیاسی رن نہ سہی، دو ڈھائی سو تو مشق چھوٹنے پر بھی بنا ہی لیں گے۔ مختصر یہ کہ کوئی عذر مسموع نہ ہوا اور آخر سرِ تسلیم خم کرنا ہی پڑا۔

شامتِ اعمال پہلا ہی میچ ان انگریزوں سے پڑا جو سچ پوچھئے تو اس کھیل کے موجد ہیں اور ان کے بولر ایسے ظالم کہ گیند کیا پھینکتے تھے گویا توپ کا گولہ پھینک رہے ہیں۔ ٹاس میں ہم لوگ جیت چکے تھے اور ہماری ٹیم کھیل رہی تھی۔ کھیل کیا رہی تھی چاند ماری بنی ہوئی تھی۔ چار کھلاڑی آؤٹ ہو چکے تھے اور رن کل آٹھ بنے تھے۔ یہاں یہ حال کہ ایک تو اختلاج کا مرض یوں ہی ہے دوسرے نہ بھی ہوتا تو ظاہر ہے کہ علاوہ عزّت و آبرو کے یہ تو کچھ موت اور زندگی کا سوال بنتا جا رہا تھا۔ اگر ان ظالموں کا گیند ذرا بھی ادھر ادھر ہو گیا تو والد صاحب کی روح سے جب عالمِ بالا میں ملاقات ہو گی تو وہ کیا کہیں گے کہ کیوں بیٹا یہی وعدہ تھا تمہارا۔ مگر سوال تو یہ تھا کہ اب کر ہی کیا سکتے تھے۔

چھٹے کھلاڑی کے آؤٹ ہوتے ہی اب ہم کو جانا تھا۔ کلمۂ شہادت پڑھ کر لگ گارڈ بندھائے جس طرح دوسروں نے بیٹ سنبھالا تھا ہم نے بھی بیٹ سنبھالا اور اب جو اپنے کھلاڑی کے ساتھ روانہ ہوئے تو مجمع نے "کیپٹن ان" کا نعرہ بلند کیا اور تالیوں سے فضا گونج اٹھی۔ ان تالیوں سے طائر روح اور بھی مائل پرواز ہو گیا۔ بالکل یہ معلوم ہو رہا تھا کہ جیسے کسی قتل کے مجرم کو پھانسی کے تختے کی طرف لے جا رہے ہیں۔ دل میں طرح طرح کے خیال آ رہے تھے کہ جدِ اعلیٰ ایک جہاد میں گھوڑے کی پیٹھ پر لڑتے ہوئے شہید ہوئے تھے۔ ایک بزرگ محبت میں ناکام رہ کر دریا میں ڈوبے تھے۔ باقی تمام افرادِ خاندان بستر مرگ پر موت کی کروٹ لے کر اس جہان سے، اس جہان کو سدھارے تھے۔ مگر ہماری قسمت میں کرکٹ کی موت لکھی تھی۔ بہر حال دل کو یہ اطمینان ضرور تھا کہ موت برحق

تو ہے ہی اگر کرکٹ کی راہ میں فنا ہوگئے تو اتنے تماشائی نمازِ جنازہ کے لیے مل جائیں گے۔ لوگ تالیاں بجا بجا کر آسمان سر پر اٹھائے ہوئے تھے اور کپتان صاحب کا قلب باؤنڈریاں مار رہا تھا۔ بمشکل تمام وکٹ تک پہنچے اور جس طرح دوسروں نے سینٹر لیا تھا ہم نے بھی اس رسم کو پورا کیا حالانکہ ہمارے ایسے کھلاڑی کے لیے اس کی چنداں ضرورت نہ تھی۔ سنٹر لے چکنے کے بعد اس دلچسپ دنیا کو ایک مرتبہ پھر حسرت بھری نظر سے دیکھا۔ دل نے کہا،

چرچے یہی رہیں گے افوس ہم نہ ہوں گے

اب جو اس گیند پھینکنے والے ملک الموت کو دیکھتے ہیں تو جی چاہا کہ چکرا کر گر پڑیں۔ معلوم ہوتا تھا کہ ایک عظیم الشان چقندر سامنے کھڑا ہے۔ وہ اس وقت کوہِ آتش فشاں نظر آرہا تھا۔ دل نے کہا کہ اگر اس کے گیند سے واصل بحق ہوگئے تو جنت تک رن بناتے چلے جائیں گے۔ ہمت کر کے بیٹ پر جھکے، ادھر وہ گیند لے کر بڑھا ہی تھا کہ ہم پھر کھڑے ہوگئے اور موت کچھ دیر کے لیے التوا میں پڑگئی۔ مگر بکرے کی ماں آخر کب تک خیر منائے گی۔ کھیلنے کے لیے تیار ہونا ہی پڑا اور بیٹ پر جھک کر آنکھیں بند کرلیں، دوسرے ہی لمحے محسوس یہ ہوا کہ جیسے ان ہاتھوں میں جن سے بیٹ تھامے ہوئے تھے ایک برقی لہر سی دوڑ گئی اور مجمع نے تحسین و آفرین کا شور بلند کیا۔ معلوم ہوا کہ گیند آیا اور بیٹ سے چھو کر کچھ ایسے زاویہ سے نکل گیا کہ لوگوں کو غلط فہمی پیدا ہوئی کہ یہ کٹ ہماری استادی کا نتیجہ ہے۔ دورَن خواہ مخواہ بن گئے۔ کاش ایک ہی رن بنا ہوتا اور ہم اس خوفناک بولر کی زد سے بچ گئے ہوتے۔

نتیجہ یہ کہ پھر کھیلنے کے لیے تیار ہونا پڑا اور جی کڑا کر کے اب کی مرتبہ طے کرلیا کہ ایسی بھی کیا بزدلی، مرنا ہی ہے تو نام کر کے مریں گے۔ اب کی مرتبہ ہٹ لگائیں گے۔

چنانچہ بجائے جما کے بیٹ رکھنے کے بیٹ تان کر کھڑے ہوگئے۔ مجمع نے شور مچایا۔ ساتھیوں نے پریشان ہونا شروع کر دیا۔ خود مخالف کھیلنے والوں کو حیرت ہوئی مگر ہم اپنے ارادے سے باز نہ آئے۔ چنانچہ اب جو گیند آتا ہے اور ہم ہٹ لگاتے ہیں تو سارا مجمع فیلڈ میں ٹوپیاں اچھالتا ہوا چلا آیا۔ قہقہوں سے فضا گونج اٹھی اور ہوش میں آنے کے بعد پتہ چلا کہ کیچ کرنے والے نے بجائے گیند کے بلّے کا کیچ کیا تھا اور گیند خود ہمارے لیگ گارڈ میں محفوظ تھا۔ مخالف ٹیم اس کو اپنی تذلیل سمجھ رہی تھی کہ یہ کھیل نہیں ہو رہا ہے بلکہ اس کا مذاق اڑایا جا رہا ہے۔ بمشکل تمام ان لوگوں کو سمجھایا گیا کہ مشق چھوٹی ہوئی ہے ورنہ علی گڑھ کی ٹیم کے وہ کپتان ہیں جو سات سو رن بنایا کرتے تھے۔ ایمپائر نے تعصب سے کام لے کر ہم کو آوٹ قرار دیا اور ہم اسی حالت میں اسی وقت گھر پہنچا دیے گئے۔ اس لیے اب تک کرکٹ کا نام سن کر غش آجاتا ہے۔

***

کچھ نہ سمجھے خدا کرے کوئی

بعض لوگوں کو خواہ مخواہ بھی پتھر لڑھکانے کی عادت ہوتی ہے اور عام گفتگو میں بھی وہ لٹریچر بگھارنے کے شوق میں کتابی زبان بولنا شروع کر دیتے ہیں اور اتنے بڑے بڑے الفاظ بولتے ہیں کہ سننے والا دل ہی دل میں ہجے اور معنی یاد کرتا رہ جاتا ہے مثلاً اسی قسم کے ایک کرم فرما غریب خانہ پر آکر مہمان ہوگئے تھے۔ جانا تھا اُن کو بھارت کے سفر پر مگر قیام فرما اس لیے تھے کہ ویزا بننے میں دیر ہو رہی تھی، لہٰذا جب بھی ویزا آفس سے واپس آتے تھے اور ان سے پوچھا جاتا تھا کہ "کہئے جناب آج کیا ہوا؟"

وہ اس سیدھی سی بات کا جواب یہی دیتے تھے کہ "صاحب تحیّر ہو گیا۔ حسب معمول تعجیل کے بجائے تعویق سے کام لے رہے ہیں ارباب حل و عقد۔"

دوسرے دن پھر پوچھا گیا کہ "آج کی خبر سنایئے بندہ نواز۔"

وہ پھر یہی جواب دیتے کہ "آج بھی تحیر ہو گیا۔ بدستور تعجیل کے بجائے تعویق۔"

آخر ایک دن وہ نہایت شگفتہ سے تشریف لائے اور جب اُن سے پوچھا گیا تو ہنس کر بولے، "آج تو بفضلہ کامراں واپس آیا ہوں۔"

یہ سُن کر ایک صاحب نے کہا، "پھر تو معانقہ ہو گا آج۔"

اب مصیبت یہ کہ معانقہ وہ نہ جانتے تھے، لہٰذا کچھ سنّاٹے میں آکر رہ گئے کہ اللہ جانے یہ کس بات کی فرمائش ہوئی ہے۔ آخر بڑے پس و پیش کے بعد بولے، "جیسی آپ

کی مرضی۔"

اسی قسم کا ایک حادثہ بھی پنڈت جواہر لال نہرو پر گذرا ہے کہ وہ ایک قصباتی کانگریس کمیٹی کے جلسہ میں شرکت کے لئے گئے تو کانگریس کمیٹی کے صدر نے ان کا سواگت کرتے ہوئے کہا کہ "اب میں جواہر جی سے پرارتھنا کرتا ہوں کہ وہ اپنا بھاشن دیں۔" کہ ہم سب لابھنجت ہوں۔"

پنڈت جی چکرا کر رہ گئے کہ وہ "لابھنجت" کرنا جانتے ہی نہیں تو کسی کو آخر کس طرح "لابھنجت" کر دیں۔ دیر تک بغلیں جھانکنے کے بعد آخر ان کو کانگریس کمیٹی کے ان ہی صدر صاحب سے پوچھنا پڑا کہ "آپ آخر کیا چاہتے ہیں کہ میں آپ کے ساتھ کیا کروں؟" اُن صاحب نے پنڈت جی کو سمجھایا کہ میرا مطلب یہ ہے کہ آپ ہم سب کو لابھنجت ہونے کا موقع دیں۔ پنڈت جی نے یقین دلایا کہ اگر میرے امکان میں ہوا اور کوئی قانونی رکاوٹ نہ ہوئی تو میں موقع ضرور دوں گا مگر مجھے بتا تو دیجئے کہ آپ میرے ذریعہ لابھنجت کیونکر ہوسکتے ہیں، یہ لابھنجت آخر ہے کیا؟ یہ سُن کر ان صاحب نے کہا "لابھنجت ہوں" سے میرا مطلب یہ تھا کہ "فائدہ اٹھائیں۔" پنڈت جی تعجب سے اُن کا منھ دیکھ کر ہنسے اور کہا، "اتنی سی بات کے لیے آپ نے خواہ مخواہ پریشان کر دیا تھا۔ میں سوچ رہا تھا کہ نہ جانے مجھ سے کیا کرنے کو کہا جارہا ہے۔"

خیر پنڈت جواہر لال نہرو پر تو اس قسم کے حادثات اکثر گذرا ہی کرتے کرتے ہیں کہ مثلاً ان کی خدمت میں کسی جماعت نے کوئی ایڈریس پیش کیا اور اس میں نہ جانے کیا کیا کہا گیا جو پنڈت جی کے قطعاً پلے نہ پڑسکا۔ اب آپ اس کا جواب دینے کھڑے ہوئے تو زیادہ سے زیادہ یہی کہہ سکے کہ آپ نے میرے متعلق جو کچھ کہا ہے میں اس قابل تو نہیں ہوں مگر آپ کے نظر حسن کا شکر گذار ہوں۔ آپ نے اس ایڈریس میں جو مطالبات پیش

کئے ہیں ان پر میں سمجھنے کے بعد غور کروں گا۔ اور اسی قسم کی گول مول جوابی تقریر کر کے وہ اس قسم کے امتحانوں سے گذر جاتے ہیں مگر پریشانی اس وقت ہوتی ہے جب وہ خود تقریر میں رہ رہ کر اردو کے الفاظ بولتے ہیں اور پھر ان کی ہندی بنانا پڑتی ہے، مثلاً ایک مرتبہ ان کی ایک تقریر ریلیے ہو رہی تھی اور وہ مسلسل ہکلا رہے تھے۔ دراصل وہ ہکلاتے نہیں ہیں مگر ہندی الفاظ یاد کر کے بولنے کے لئے ان کو ہکلانا ہی پڑتا ہے کہنے لگے کہ،

"میرے والد، والد نہیں بلکہ پتا جی۔ میرا مطلب ہے کہ میرے پتا جی جو میرے والد تھے جب کبھی تقریر کرتے تھے۔ میرا مطلب ہے بھاشن دیتے تھے اس کو عوام، عوام تو میں غلط کہہ گیا، میں کہنا چاہتا تھا جنتا اس لیے پسند کرتی تھی کہ اس میں ملک کی خدمت یعنی گویا۔ میں کہنا چاہتا تھا دیس کی سیوا کی باتیں ہوتی تھیں۔"

اور اسی طرح وہ تقریر کے بجائے ترجمہ کرتے رہے اور جو کچھ کہنا چاہتے تھے اس میں سے بہت سی باتیں اس لیے دل کی دل ہی میں رہ گئیں کہ بروقت ان کی ہندی نہ بن سکی۔ اسی طرح جب اُن سے شدھ ہندی میں بات کی جاتی ہے تو اکثر "نہیں" کی جگہ "ہاں" اور ہاں کی جگہ "نہیں" کہہ جاتے ہیں

وہ زمیں کی پوچھتے ہیں آسماں کہتا ہوں میں
جب سمجھ میں کچھ نہیں آتا تو ہاں کہتا ہوں میں

بے محل نہ ہوگا اگر مولانا کا ذکر کر دیا جائے جو ایک مرتبہ اپنے ایک عقیدتمند مرید کے گھر دعوت میں گئے۔ مرید اُن کو دیکھ کر مارے عقیدت کے دوڑا ان کے قدم چھوئے۔ مولانا نے اس کو روکا اور بڑی شفقت سے سمجھایا کہ قدم بوسی غیر اسلامی طریقہ ہے۔ البتہ دست بوسی کر سکتے ہو۔ اور جب مرید کی سمجھ میں نہ آیا تو آپ نے بتایا کہ "دست" ہاتھ کو کہتے ہیں۔ "دست بوسی" یعنی ہاتھ چومنا۔ مرید نے ہاتھ چومنے کے

علاوہ گرہ میں یہ بات باندھ لی کہ ہاتھ کو دست کہتے ہیں تھوڑی دیر کے بعد مولانا نے فرمایا، "آبِ خنک منگاؤ۔ مرید منہ اٹھائے کھڑا رہا کہ اللہ جانے حضور کون سی روحانی چیز مانگ رہے ہیں۔ مولانا کو پھر سمجھانا پڑا کہ "آب یعنی پانی۔ خنک یعنی ٹھنڈا۔ میں ٹھنڈا پانی مانگ رہا ہوں۔" مرید دوڑا پانی لانے کے لئے اور یاد کرتا گیا کہ پانی کو آب کہتے ہیں اور ٹھنڈے کو خنک تھوڑی دیر کے بعد اس نے دستر خوان چن دیا اور لوٹا لے کر کھڑا ہو گیا کہ ہاتھ دھلائے مگر یہی دقت تھا پڑھے ہوئے سبق کو دوہرانے کا، لہٰذا اس نے عرض کیا کہ "حضور آب دست لے لیں۔" ظاہر ہے کہ مولانا کو پھر سمجھانا پڑا ہوگا کہ "آب دست ایک اور ہی چیز ہوتی ہے۔" مگر سب سے زیادہ مولانا اس وقت پریشان ہوئے جب کھانا کھانے کے بعد آپ نے ارشاد فرمایا، "اب ذرا قیلولہ کا انتظام کر دو۔" مرید سخت پریشان ہوا کہ اب یہ انتظام کس طرح کرے۔ آخر اس کی سمجھ میں آگیا اور وہ سلفچی اور لوٹا لے کر حاضر ہو گیا کہ اسی سلفچی میں قیلولہ کر لیجئے۔

قابلیت بگھارنے میں کوئی مضائقہ نہیں بشرطیکہ وہ کسی جاننے والے سے بگھاری جائے، مگر مصیبت یہ ہے کہ عام طور پر لوگ ان ہی کو مرعوب کرنا چاہتے ہیں جو بات سن کر مفہوم ٹاپتے رہ جائیں اور بغلیں جھانکنے کے علاوہ جن کے پاس کوئی چارہ نہ ہو اور خدا نہ کرے کہ کسی جاہل کے ذہن میں ایک آدھ موٹا سا لفظ اٹکا رہ جائے تو اس کا مصرف ایسا نکالتا ہے کہ آپ چکرا کر رہ جائیں مثلاً ایک دن ایک صاحب اپنی بیوی کو ڈانٹ رہے تھے کہ "پان میں اتنی تماخو جھونک دی کہ پان کھاتے ہی دوران گفتگو شروع ہو گیا۔ بیوی تو اپنے شوہر نامدار کی قابلیت سے سہم کر رہ گئی ہوں گی مگر آپ کر لیجئے ان کا جو کچھ کر سکتے ہوں کہ دوران سر کو دوران گفتگو کہہ رہے تھے۔"

***

میں ایک شاعر ہوں

صاحب میں ایک شاعر ہوں چھپا ہوا دیوان تو خیر کوئی نہیں ہے۔ مگر کلام خدا کے فضل سے اتنا موجود ہے کہ اگر میں مرتب کرنے بیٹھوں تو ایک چھوڑ چار پانچ دیوان مرتب کر ہی سکتا ہوں۔ اپنی شاعری کے متعلق اب میں خود کیا عرص کروں البتہ مشاعروں میں جانے والے حضرات اگر کسی مشاعرے میں میرا کلام سن چکے ہیں تو وہ بتائیں گے کہ میرے متعلق عام رائے کیا ہے۔ البتہ اتنا میں بھی جانتا ہوں کہ جب مشاعرے میں میرے نام کا اعلان ہوتا ہے۔ سامعین بے قابو ہو کر اس وقت تک تالیاں بجاتے ہیں جب تک میں پڑھنے کے لیے اسٹیج پر نہ آجاؤں۔ اور جب تک میں پڑھتا ہوں داد کے شور سے مشاعرہ گونجتا ہی رہتا ہے۔ مجھ کو اچھی طرح یاد ہے کہ ایک مرتبہ میرا ایک شعر آٹھ مرتبہ مجھ سے پڑھوایا گیا تھا۔ اور پھر بھی سامعین نے یہی کہا تھا کہ سیری نہیں ہوئی۔ یہ سب کچھ میں خود ستائی کے طور پر عرض نہیں کر رہا ہوں۔ میرا قول یہ ہے کہ من آنم کہ من آنم۔ میں تو یہ سب کچھ اس لیے عرص کر رہا ہوں کہ اپنے متعلق تھوڑا بہت اندازہ کرا دوں کہ میں ان شاعروں میں سے نہیں ہوں۔ جو محض ایک تخلص پال کر بیٹھ رہتے ہیں۔ اور زندگی بھر میں بس ایک آدھ غزل کہنے کے گناہگار ہوتے ہیں۔

حضنت! یہاں تو بقول شخصے،

عمر گزری ہے اسی دشت کی سیاحی میں

ابھی ہوش سنبھالا ہی تھا کہ گھر میں شعر و شاعری کے چرچے سنے۔ مشاعروں کے کھیل کھیلے۔ اور آخر پندرہ برس کی عمر ہوگئی کہ پہلی غزل اس شان سے مشاعرے میں پڑھی ہے کہ گھر پر پڑی بوڑھیوں نے نظر اتاری اور باہر اس فن کے بڑے بڑے مشاقوں نے اعتراف کیا کہ صاحبزادے نے پالنے ہی میں پیر دکھائے ہیں۔ مطلب یہ کہ شاعری کی ابتدا اسی عمر میں ہوئی جس کے متعلق شاعر کہہ گیا ہے، کہ،

برس پندرہ یا کہ سولہ کا سن
جوانی کی راتیں امنگوں کے دن

داد جو ملی تو حوصلے اور بڑھ گئے۔ اب دن رات بس ایک ہی مشغلہ ہے غزل گوئی اور غزل سرائی۔ جس مشاعرے میں پہنچ گئے بس جھنڈے گاڑ آئے۔ اپنے سامنے کسی کا چراغ نہ جلنے دیا۔ جس طرح، میں غزل کہہ دی اس کو اپنا لیا۔ خاص شہرت حاصل کی گرہ لگانے میں۔ قصہ کوتاہ کچھ ہی دنوں میں مقامی مشاعروں کے علاوہ دور دور سے بلاوے آنے لگے۔ آج یہاں مشاعرہ ہے تو کل وہاں، آج اس شہر میں کل اس شہر میں۔ یہ سچ ہے کہ اس طرح تعلیم ضرور ناقص رہ گئی۔ مگر شاعر ہونا مسلم ہوگیا۔ آواز میں قیامت کا سوز تھا۔ اور دھن بنانے کا سلیقہ خداداد تھا۔ پھر کلام کی لطافتیں۔

مختصر یہ کہ سب کچھ مل جل کر مشاعرہ لوٹنے میں مدد دیتا تھا۔ ایک نمائش کے مشاعرہ میں تو تمغہ تک دیا گیا تھا۔ اخباروں میں تصویریں چھاپی گئیں۔ رسالوں کے ایڈیٹروں نے بڑی منت کے خطوط لکھے کہ میں اپنا تازہ کلام بھیجوں۔ بے شمار رسالے اور اخبار مفت آنے لگے۔ اور ان میں میرا کلام بڑے امتیاز کے ساتھ چھپنے لگا۔ بڑے بڑے سالانہ نمبروں میں صرف میری غزل کو جلی حروف میں اور خوشنما حاشیہ کے اندر ایک پورے صفحے میں چھاپا گیا۔ مختصر یہ کہ آپ کی دعا سے شہرت اور مقبولیت کی کوئی کمی نہ

رہی۔ یہاں تک کہ کچھ ہی دنوں کے بعد مشق اس قدر بڑھ گئی اور کلام میں کچھ خدا کے فضل سے ایسی پختگی پیدا ہوگئی کہ بہت سے نوجوان اپنی اپنی غزلیں اصلاح کے لیے لانے لگے۔ اور اب ضرورت اس کی پیش آئی کہ ذرا اس فن کا مطالعہ بھی کرلیا جائے۔ کہ یہ فاعلاتن فاعلات آخر کیا بلا ہوتی ہے،

یہ سچ ہے کہ پیدائشی اور فطری شاعروں کے لیے ان چیزوں کی ضرورت نہیں ہوا کرتی۔ مگر شاگردوں کے سمجھانے اور استاد بننے کے لیے معلومات حاصل ہونا ضروری ہوتا ہے۔ بہرحال اس سلسلہ میں جتنی کتابیں دیکھیں اتنی ہی طبیعت الجھی کہ یہ ہے کیا خرافات۔ آخر ایک کتابوں کا سیٹ مل گیا۔ شاعری کی پہلی کتاب۔ دوستی کتاب۔ تیسری کتاب۔ ان کتابوں کو سلسلہ وار پڑھنے سے خود تو کچھ سمجھ میں نہ آیا۔ مگر دوسروں کو سمجھانے کا مواد ضرور مل گیا اور اب شاگردوں کی غزلوں پر اصلاح کا سلسلہ شروع ہوگیا۔ ان شاگردوں کا مشاعروں میں چمکنا تھا کہ شاگردوں کی تعداد دن دونی رات چوگنی ترقی کرنے لگی۔ یہاں تک کہ عالم یہ ہوگیا کہ ہر مشاعرے کے دن درجنوں شاگرد حلقہ باندھے بیٹھے ہیں۔ اور میں ان کی غزل لکھوا رہا ہوں۔ کہ یہ مطلع تم لکھ لو اور یہ شعر تم لکھ لو۔ شاگردوں سے اور کوئی فائدہ ہو یا نہ ہو، مگر اتنا ضرور ہوتا ہے کہ خود اپنے کو اوّل تو اساتذہ کی صف میں جگہ ملتی ہے۔ دوسرے استاد کی غزل پر یہ شاگرد داد کا وہ شور مچاتے ہیں کہ مشاعرہ ہی سر پر اٹھالیتے ہیں۔ اور اگر کبھی کوئی بدخواہ اعتراض کر بیٹھے تو یہی شاگرد مرنے مارنے پر تیار ہوجاتے ہیں۔ گویا استاد کی اچھی خاصی طاقت ہوتے ہیں یہ شاگرد۔

گھر میں اللہ کے فضل و کرم سے کھانے پینے کی کوئی کمی نہ تھی۔ وثیقہ بندھا ہوا تھا۔ اور باپ دادا بھی اتنا چھوڑ گئے تھے کہ چار کو کھلا کر کھا سکیں۔ لہٰذا فکر معاش کا تو کوئی ذکر ہی نہیں۔ لے دے کے بس فکر سخن ہی تھی، شاگردوں کو بھی کبھی کسی خدمت کا کوئی

موقعہ نہ دیا۔ بلکہ ان ہی کی جو خدمت ہو سکی وہ کی۔ یعنی مفت کی غزلوں کے علاوہ اکثر مفت کی روٹیاں بھی مل جاتی تھیں۔ اگر کبھی کوئی شاگرد رساول یا آچار یا اپنے گاؤں سے گڑ وغیرہ بھی لے آیا تو یہی فکر رہتی تھی کہ اس کا بدلا کیونکر اتارا جائے۔ ایک مرتبہ ایک تنبولی شاگرد نے پانوں کی ڈھولی کی قیمت لینے سے انکار کر دیا۔ نتیجہ یہ کہ اگلے مشاعرے میں نہ صرف یہ کہ نہایت زوردار غزل کہہ کر ان کو دی بلکہ ان کا ریل ٹکٹ بھی خود ہی خریدا، عرض تو کیا۔ کہ اس شاعری کو تجارت یا روزگار کی صورت کو کبھی دی ہی نہیں اور نہ اس کی ضرورت پیش آئی کبھی۔

ان ہی حالات میں زندگی بڑے مزے میں بسر ہو رہی تھی کہ ایک دم سے وہ انقلاب آگیا۔ جس نے ساری دنیا زیر وزبر کر کے رکھ دی۔ اپنا سب کچھ چھوڑ کر اس طرف آجانا پڑا۔ گھر گیا۔ گرہستی گئی۔ وثیقہ گیا۔ مختصر یہ کہ آپ "واحد حاضر" رہ گئے۔ اور باقی سب کچھ "جمع غائب" اور تو اور کھانے پینے کے لالے پڑ گئے۔ دو دو روٹیوں کا سہارا تک کو نہ رہا۔ دل میں کہا۔ جان ہے تو جہان ہے۔

ہو رہے گا کچھ نہ کچھ گھبرائیں کیا

مگر آخر کب تک نہ گھبراتے۔ پردیس میں نہ کوئی جان نہ پہچان۔ ایک نفسا نفسی کا عالم۔ سب کو اپنی اپنی پڑی ہے۔ مہاجرین میں کچھ جانی پہچانی شکلیں بھی نظر آئیں مگر سب کو اپنی اپنی فکر، اور یہاں یہ عالم کہ روز بروز حالت پتلی ہوتی جا رہی ہے۔ سر چھپانے کو تو خیر ایک آگ لگی ہوئی عمارت کے دو پسماندہ کمرے مل گئے۔ مگر پیٹ کی آگ بجھانے کی سبیل نظر نہ آتی تھی۔ آخر خاندانی وضع کے خلاف روزگار کی تلاش میں نکلنا پڑا۔ یاد آیا کہ اسی شہر سے ایک رسالہ بڑے آب و تاب سے نکلا کرتا تھا۔ جس کے ایک سالنامہ میں انگور کی ایک خوشنما بیل کے حاشیہ کے اندر اپنی ایک غزل چھپی تھی۔ اور

ایڈیٹر صاحب نے اس پر ایک نوٹ بھی دیا تھا۔ کہ یہ ہماری خوش قسمتی ہے کہ لسان الزمن حضرت قیس سونڈوی نے اپنے رشحات سے ہمارے سالنامہ کو نوازا ہے، امید ہے کہ حضرت قیس آئندہ بھی ہم کو اس فخر کا موقع عطا فرماتے رہیں گے۔ چنانچہ اسی رسالے کے دفتر کا رخ کیا اور پوچھتے گچھتے آخر اس رسالے کے دفتر پہنچ ہی گئے۔ ایڈیٹر صاحب سے اپنا تعارف کرایا۔ اور وہ حسب توقع دوڑے لیمونیڈ کی بوتل لے کر سگریٹ کی ڈبیہ کھول کر رکھ دی۔ دیا سلائی خود جلائی اور دیر تک ہماری ہجرت پر مسرت کا اظہار کرتے رہے کہ صاحب بہت اچھا ہوا۔ جو آپ تشریف لے آئے۔ تھوڑی دیر کے بعد موقع دیکھ کر اور ان کو بے حد خلیق پا کر عرض کیا،

"بھائی جان آ تو گیا ہوں۔ مگر واضح رہے کہ سب کچھ چھوڑ کر آیا ہوں۔ اور خاندانی وضع کے خلاف اب اس پر بھی آمادہ ہوں۔ کہ کہیں ملازمت اختیار کروں۔"

وہ نہایت اطمینان سے بولے۔ "ملازمت! بہر حال اب تو آپ آئے ہیں کچھ نہ کچھ ہو ہی جائے گا۔ آپ کے ایسے قابل آدمیوں کے لیے ملازمت کی کہاں کمی ہو سکتی ہے۔ بہر حال آپ نے یہ فیصلہ تو کر ہی لیا ہو گا کہ آپ کس شعبہ میں ملازمت اختیار کرنا پسند کریں گے۔"

عرض کیا۔ "بھائی اپنا شعبہ تو ظاہر ہے کہ زندگی بھر سوائے ادبی خدمت کے اور کوئی کام ہی نہیں کیا۔ فرق صرف یہ ہے کہ اب تک ادبی خدمت کو ذریعہ آمدنی بنانے کا خیال بھی نہ آیا تھا۔ مگر اب حالات نے مجبور کر دیا ہے۔"

وہ بولے، یہ تو درست ہے۔ مگر ادبی سلسلہ میں ملازمت کا کیا سوال ہو سکتا ہے۔ آپ کے خیال میں کون سا محکمہ ہے ایسا جو آپ کے ایسے ادیبوں کے لیے جگہ نکال سکے گا۔ کم سے کم میری سمجھ میں تو نہیں آ رہا ہے۔

عرض کیا، "آپ محکموں پر نہ ڈالیے۔ میرے لیے تو اتنا ہی کافی ہے کہ مثلاً آپ کا ادارہ ہے۔ اسی میں کوئی خدمت میرے سپرد کر دی جائے۔"

ایڈیٹر صاحب نے دم بخود ہو جانے کے بعد فرمایا، "قبلہ بات اصل میں یہ ہے کہ ضرورت تو مجھ کو بھی ہے۔ اپنے یہاں چند لوگوں کی۔ مگر معاف کیجیے گا۔ میں نے آج تک سوائے غزلوں کے اور کوئی چیز آپ کی نہیں دیکھی ہے۔"

عرض کیا، "اور کیا چیز آپ دیکھنا چاہتے ہیں۔ شجرہ موجود ہے۔ وہ میں دکھا سکتا ہوں۔ خود مجھ کو آپ ہی دیکھ رہے ہیں۔ اور کوئی چیز سے مطلب کیا ہے۔ جناب ذرا وضاحت فرمائیں تو کچھ عرض کروں۔"

وہ بولے۔ "میرا مطلب یہ ہے کہ نثر غالباً آپ نے کبھی نہیں لکھی، نہ آپ کا کبھی کوئی افسانہ پڑھا ہے۔ نہ کوئی تنقیدی مضمون دیکھا ہے۔ نہ کوئی تحقیقی مقالہ۔"

عرض کیا، "جناب والا۔ یہ آپ نے درست فرمایا اور یہ واقعہ بھی ہے اب تک اس قسم کی کوئی چیز لکھنے کا اتفاق نہیں ہوا ہے۔"

ان کو بہانہ مل گیا۔ آنکھیں گھما کر بولے۔ "اب آپ خود غور فرمائیے کہ کسی ادبی رسالہ کے ادارۂ تحریر میں آپ کو کیونکر شامل کیا جا سکتا ہے۔ آپ کی شاعرانہ صلاحیت مسلم ہے۔ مگر اس کی ہم کو ضرورت نہیں۔"

ایسے کور ذوق سے کچھ اور کہنا ہی بیکار تھا۔ ادھر ادھر کی گفتگو کر کے چلے آئے اور طے کر لیا کہ اب ادھر کا رخ بھی نہ کریں گے۔ مگر ادھر کا نہ سہی کسی اور طرف کا رخ تو کرنا ہی تھا۔ ورنہ یہاں تو فاقوں کی نوبت بھی دور نہ تھی۔ کافی دماغ سوزی کے بعد ایک ترکیب ذہن میں آئی کہ اگر کوئی پبلشرز دیوان چھاپنے پر تیار ہو جائے تو کیا مضائقہ ہے۔ کچھ نہ کچھ حق تصنیف بھی مل جائے گا۔ دوسرے اس پردیس میں اپنے تعارف کا ایک

ذریعہ اس دیوان کی صورت میں نکل آئے گا۔ بالکل الہامی طور پر دیوان کا نام ذہن پر نازل ہوا۔ "لیلائے سخن" قیس کی مناسبت سے اس سے بہتر نام اور کیا ہو سکتا تھا۔ دوسرے ہی دن یہاں کے ایک آدھ پبلشرز سے ملنے کے لیے روانہ ہوگئے۔ شہر کے سب سے بڑے پبلشر کا نام اور پتہ پہلے ہی پوچھ رکھا تھا۔ ان کی دکان پر پہنچ کر ان سے شرفِ نیاز یاصل کیا۔ اور آخر اپنا تعارف خود کرایا۔

"نام سے تو آپ واقف ہی ہوں گے۔ اس خاکسار کو قیس سونڈوی کہتے ہیں۔"

وہ حضرت بھی عجیب چیز نکلے۔ کہنے لگے، "پھر!"

غصہ تو بہت آیا اس "پھر" پر مگر کیا کرتے وقت آپڑا تھا۔ لہٰذا اپنے آپ کو سنبھال کر کہا۔ "میں نے آپ کے ہاں کی مطبوعہ اکثر کتابیں دیکھی ہیں۔ اور اس نتیجہ پر پہنچا ہوں کہ طباعت کا جو سلیقہ آپ کو حاصل ہے وہ کسی اور پبلشر کے حصہ میں نہیں آیا ہے۔ اور میں نے طے کر لیا ہے کہ میں اپنا دیوان اگر کسی کو دے سکتا ہوں تو وہ صرف آپ کو۔ کیا نام ہے اس کتاب کا جو ابھی آپ نے شائع کی ہے۔"

وہ ڈکارتے ہوئے بولے۔ "کلیدِ مرغی خانہ۔"

عرض کیا، "جی ہاں، کلید مرغی خانہ۔ کیا کہنا ہے اس کتاب کا۔ کتابت ہے تو سبحان اللہ۔ طباعت ہے تو ماشاء اللہ۔ پھر ترتیب اور سجاوٹ۔ دلہن بنا کر رکھ دیا ہے آپ نے کتاب کو۔ میں نے اپنے دیوان کا نام تجویز کیا ہے، لیلائے سخن، جس کا تخلص قیس ہو اس کے دیوان کا کتنا مناسب نام ہے یہ۔"

انہوں نے براہِ راست سوال کیا۔ "تو آپ چھپوانا چاہتے ہیں اپنا دیوان۔"

عرض کیا، جی ہاں ارادہ تو کچھ ایسا ہی ہے۔ میں نے اپنے چار دواوین میں سے انتخاب کر کے ایک دیوان مرتب کیا ہے۔ گویا اپنی کائنات شعری کا جوہر نچوڑ لیا ہے۔ اور یہ طے

ہوا ہے کہ چھپواؤں گا آپ ہی کے ذریعہ۔"

انہوں نے کہا، "اچھا تو ہم چھاپ دیں گے۔ بہتر سے بہتر لکھائی چھپائی ہوگی۔ کاغذ وہی ہوگا جو کلید مرغی خانہ کا ہے۔ ہم آپ کو ابھی حساب لگا کر بتائے دیتے ہیں کہ آپ کو کیا خرچ کرنا پڑے گا۔"

ہم نے چونک کر کہا۔ "ہم کو کیا خرچ کرنا پڑے گا۔ غالباً آپ میرا مطلب نہیں سمجھے۔"

وہ ہم سے زیادہ متحیر ہو کر بولے۔ "تو کیا مطلب ہے آپ کا۔"

صاف صاف عرض کیا۔ "مطلب یہ ہے کہ آپ لے لیجیے دیوان اور چھاپئے، حق تصنیف طے ہو جائے۔ جو مناسب سمجھیے دے دیجیے۔"

انہوں نے ایک قہقہہ لگایا۔ گویا یہ کوئی بہت دلچسپ لطیفہ سنا تھا۔ اور عجیب تمسخر سے بولے۔

آپ گویا یہ چاہتے ہیں کہ ہم آپ کا دیوان آپ سے خرید کر خود بیچنے کے لیے چھائیں۔ آج کل بھلا کون کسی کا دیوان چھاپتا ہے۔ کس کے پیسے فالتو ہیں۔ کہ وہ دیمک کی ضیافت کے لیے دیوان چھاپ کر اپنے یہاں ڈھیر کر لے۔ پیسہ بھی ضائع کرے وقت بھی برباد کرے۔ محبت بھی خواہ مخواہ کی اور جگہ بھی گھیری جائے۔"

ایک آدھ شاعر کے کلام کے مجموعوں کا حوالہ دیا۔ جو حال ہی میں شائع ہوئے تھے۔ اور عرض کیا۔ "آخر یہ مجموعے اور یہ دیوان بھی تو چھپے ہیں۔"

زانو پر ہاتھ مار کر بولے۔ "اوہو۔ آپ سمجھے نہیں۔ جن شاعروں کا آپ نے نام لیا ہے۔ ان کی تو اس وقت مانگ ہے۔ ان کے مجموعے تو اگر اس وقت ہم کو بھی مل جائیں تو ہم بھی سب کچھ چھوڑ چھاڑ کر چھاپ دیں۔ مگر یہاں ذکر ہے آپ کا؟"

اب تو قابو میں رہنا مشکل تھا۔ ذرا تلخی سے عرض کیا۔ "کیا مطلب آپ کا؟ اگر آپ میرے نام سے واقف نہیں ہیں اور میرے شاعرانہ مرتبہ کو نہیں جانتے تو اس میں میرا تو کوئی قصور نہیں۔ یہ تو آپ ہی کی کوتاہی ہے۔ ورنہ آپ کو معلوم ہونا چاہیے کہ میں ایک خاص مقام رکھتا ہوں، اس دور کے شعرا میں۔"

وہ صاحب عجیب بیہودگی سے مسکرا کر بولے۔ "اجی یہ تو سب ہی شاعر کہتے ہیں۔ خیر اس سے کیا مطلب ہم معافی چاہتے ہیں کہ ہم آپ کا دیوان نہیں چھاپ سکتے۔"

ہم نے اٹھتے ہوئے کہا۔ "کلام تو خیر میں خود آپ کو چھاپنے کے لیے اب نہیں دے سکتا۔ مگر کتابوں کی تجارت کرنے آپ بیٹھے ہیں تو ذرا اہل علم سے بات کرنے کا سلیقہ بھی پیدا کیجیے۔"

وہ حضرت بھی پہلو بدل کر بولے۔ "اہل علم جب کوئی آتا ہے تو ہماری گفتگو بھی دوسری قسم کی ہوتی ہے۔"

اور ہم نے اس بدتمیزی کا جواب دینا اپنی شان کے خلاف سمجھا۔ دل ہی دل میں کھولتے ہوئے اس دکان سے باہر آگئے، مگر ابھی چند ہی قدم آگے بڑھے ہوں گے کہ چودھری صاحب سے ملاقات ہوگئی۔ یہ چودھری صاحب بڑے اثر ورسوخ کے لوگوں میں سے ہیں۔ اور میرے کلام کے دلدادہ ہیں، بلکہ نمائش کے مشاعرے میں صدر یہی تھے۔ اور ان ہی کی طرف سے میرے لیے تمغے کا اعلان ہوا تھا۔ ہمیشہ جھوم جھوم کر میری غزلیں سنا کرتے تھے۔ اور اچھل اچھل کر داد دیا کرتے تھے۔ آج بھی دور ہی سے دیکھ کر پہچان گئے۔ اور ایک نعرہ بلند کیا۔

"آخاہ قیس صاحب ہیں۔ ارے بھئی آپ کہاں۔ بھئی خوب ملاقات ہوئی۔ کب آئے۔"

عرض کیا۔ "آئے ہوئے تو دو مہینہ سے زیادہ ہو چکے ہیں۔"

حیرت سے بولے۔ "دو مہینہ سے زیادہ ہو گئے اور کہیں نظر بھی نہ آئے۔ میں تو اکثر مشاعروں میں گیا مگر آپ کو نہ دیکھا۔"

عرض کیا۔ "جناب والا، اب شعر کی فکر سے زیادہ پیٹ کی فکر ہے۔ وہ فارغ البالی کے زمانے گئے۔ اب تو سب سے مقدم ہے روزی کا ملنا۔ مگر اب آپ مل گئے ہیں تو سب ہی کچھ ہو جائے گا۔"

اور یہ کہہ کر اپنی تمام داستان سنادی کہ کس بے سروسامانی کی حالت میں یہاں تک پہنچے ہیں۔ اور اگر جلد ہی ملازمت کا کوئی سلسلہ نہ ہوا تو کیا وقت آنے والا ہے ہم پر۔ بڑی ہمدردی اور غور سے تمام حالات سنتے رہے۔ اور سب کچھ سننے کے بعد فرمایا "ارے بھئی گھبرانے کی کیا بات ہے۔ ملازمت آپ کو نہیں، تو اور کس کو ملے گی۔ میں ذمہ لیتا ہوں اس بات کا۔"

منہ مانگی مراد مل گئی۔ جی چاہا کہ اس شریف انسان کے قدموں پر گر کر جان دیدیں۔ مگر وفورِ جذبات میں قدموں کے بجائے ان کے ہاتھ اپنے ہاتھ میں لے کر دباتے ہوئے عرض کیا۔ "میرا دل خود گواہی دے رہا ہے کہ آپ مل گئے ہیں تو اب میری مشکلات کا خاتمہ ہی سمجھنا چاہیے۔"

کہنے لگے۔ "خیر یہ تو آپ کی بندہ نوازی ہے۔ اچھا قبلہ یہ تو فرمایئے کہ انگریزی تعلیم کہاں تک ہے۔"

ایسے ذہین آدمی سے اس مہمل سوال کی امید نہ ہو سکتی تھی۔ ظاہر ہے کہ ان حضرت نے ہمارا انگریزی نہیں بلکہ اردو کا کلام سنا تھا۔ کبھی انگریزی میں بات کرتے بھی نہ سنا ہو گا۔ البتہ کبھی کبھی سوٹ پہنے ضرور دیکھا ہو گا۔ اور ممکن ہے کہ یہ غلط فہمی اسی

وجہ سے پیدا ہو گئی ہو۔ لہٰذا ہم نے اس غلط فہمی کو دور کرنے کے لیے عرض کیا،

"بھائی جان انگریزی سے کیا واسطہ، آپ تو جانتے ہوں گے زندگی گزری ہے اردو کی خدمت میں۔"

وہ بولے، "تاہم کم سے کم آپ میٹرک تو ہوں گے۔"

عرض کیا، "اجی نہ میٹرک نہ الکٹرک۔ بچپن ہی سے اس شاعری کا ایسا شوق ہوا کہ لکھنا پڑھنا چھوڑ چھاڑ بس اسی کے ہو رہے۔"

وہ کچھ سمجھ سے گئے۔ "اوہ تو گویا آپ انگریزی جانتے ہی نہیں۔ یہ تو بڑی مشکل پیدا کر دی آپ نے۔ اب ظاہر ہے کہ آپ کو کوئی باقاعدہ ملازمت تو مل ہی نہیں سکتی۔ مگر خیر۔ آپ یہ کیجیے کہ فی الحال تو میری ایک چھوٹی سی دکان ہے اس کے حساب کتاب کی نگرانی فرمایئے بیٹھ کر۔ اس عرصہ میں اگر کوئی بہتر جگہ مل گئی تو چلے جایئے گا۔ ورنہ میں ہی کچھ نہ کچھ پیش کرتا رہوں گا۔"

خدا کا ہزار ہزار شکر و احسان ہے کہ اس نے کوئی سبیل بہر صورت پیدا ہی کر دی۔ سچ کہا ہے کسی نے وہ بھوکا اٹھاتا ہے مگر بھوکا سلاتا نہیں ہے۔ لیجیے اب ہم ایک بارونق بازار میں موزے، بنیائن، رومال، تیل، کنگھا، آئینہ بیچنے ایک دکان پر بیٹھ گئے۔ صبح آٹھ بجے جا کر دکان کھولنا جھاڑو دینا۔ دن بھر گاہکوں کا خیر مقدم کرنا رومال بیچنا۔ اور رات کے نو بجے دکان بند کر دینا۔ ایک کام تو یہ تھا اور دوسرا کام یہ کہ دن بھر کی بکری رجسٹر پر لکھ کر شام کو میزان نکال لیا کرتے تھے مگر یہ دوسرا کام اس قدر نامعقول ثابت ہوا کہ کبھی کبھی تو زندگی سے عاجز آ جاتے تھے، کبھی تو کیش بک میں ہیں دو سو باسٹھ روپے تیرہ آنے نو پائی۔ اور کھاتہ میں میزان کل ہے دو سو تیس روپے تیرہ آنے نو پائی اور کچھ سمجھ میں نہ آتا تھا کہ یہ کون صاحب بتیس روپے چپکے سے کیش بکس میں ڈال گئے ہیں۔ دوکان کے

دوسرے ملازم سے پوچھ رہے ہیں کہ بھائی تم ہی کچھ یاد کرو۔ آخر وہ اسی رائے پر اڑ جاتا کہ "جب آپ اپنے دوست کو غزل سنا رہے تھے اس وقت جتنے گاہک آئے سب سے دام لے کر کیش بکس میں تو آپ نے ڈال لیے مگر کھاتہ پر چڑھائے نہیں۔" لیجیے اب کھاتے کے فرضی اندراج ہو رہے ہیں۔ مگر جس دن یہ ہوتا کہ کیش بکس میں سے نکلتے ہیں تین سو چودہ روپے اور کھاتہ دکھا رہا ہے تین سو چون روپے تو اس روز تو ہاتھوں کے طوطے ہی اڑ کر رہ جاتے۔ کہ اب یہ چالیس روپے کی کمی کہاں سے پوری ہو۔ دکان کے دوسرے ملازم نے یاد کرتے ہوئے کہا،

"میں سمجھ گیا قیس صاحب۔ چالیس روپے کا وہ تھرموس بیچا تھا۔ اور تھرموس لے کر وہ صاحب بیٹھ گئے تھے آپ کی غزل سننے۔ دوسروں کے ساتھ بڑی دیر تک واہ وا کرتے رہے اور پھر ایک دم غائب ہو گئے۔ دیکھیے تھرموس کے دام لکھے ہیں۔"

کھاتے میں تھرموس کے دام چالیس روپے موجود۔ اور اب ہم کو بھی یاد آگیا کہ ہم نے دام تو لکھ لیے تھے مگر وہ بیٹھ گئے تھے کلام سننے اور بڑے سخن فہم معلوم ہو رہے تھے۔ لہٰذا یہی خیال تھا کہ جاتے وقت دے دیں گے دام مگر وہ چپکے سے نکل گئے۔ بمشکل تمام دوسرے ملازم سے مل ملا کر اور اس کو بھی اسی کا ایک موقع دینے کا وعدہ کر کے کھاتہ کے اس اندراج کو مٹایا گیا اور جان بچی۔ کان پکڑ کر توبہ کی کہ آئندہ دکان پر شعر و شاعری کا شغل ہرگز نہ ہوگا۔ اور سوائے دکانداری کے دوکان پر بیٹھ کر اور کچھ نہ کریں گے، مگر جس نے بھی کہا ہے سچ کہا ہے کہ،

وہی ہوتا جو منظورِ خدا ہوتا ہے

دیکھتے کیا ہیں کہ کیف۔ سیف۔ حیف۔ نور۔ طور۔ نشور۔ سب کے سب ٹولی بنائے ہوئے چلے آرہے ہیں۔ اور ایک دم سے آکر حملہ آور ہو گئے۔ اب کیسے نہ بٹھاتے ان کو

اور جب بیٹھ کر ان سے یہ معلوم ہوا کہ مشاعرے سے اٹھ کر وہ لوگ آ رہے ہیں تو کیسے نہ ان سے فرمائش ہو مشاعرے کی غزلیں سنانے کی۔ اور جب وہ غزلیں سنا دیں تو کہاں کا ہے یہ اخلاق کہ خود اپنی اسی طرح کی غزل نہ سنائی جائے ان کو۔ بس اتنی سی بات سے مشاعرے کی سی کیفیت پیدا ہو کر رہ جاتی ہے۔ آپ جانتے ہیں کہ راہ گیر بھی اکثر سخن فہم ہوتے ہیں۔ اگر وہ کلام سننے کو ٹھہر جائیں تو کون ان سے کہہ سکتا ہے کہ آپ چلتے پھرتے نظر آئیں۔ رہ گئے گاہک ان کی بلا سے مشاعرہ ہو یا کچھ وہ تو سن لائٹ سوپ لینے اس وقت بھی آئیں گے۔ ان کو تو اپنے نوزائیدہ بچے کے لیے چوسنی اور بے بی پاؤڈر اس وقت بھی درکار ہوگا۔ چنانچہ یہ بالکل اتفاق کی بات ہے کہ جس وقت کا ہم ذکر کر رہے ہیں۔ شعرائے کرام کے علاوہ سامعین بھی کچھ زیادہ ہی جمع ہو گئے تھے۔ اس لیے کہ برق اپنی غزل پڑھ رہے تھے اور ان کی آواز کو سن کر راہ گیر کیا معنی پرندے تک ہوا میں معلق ہو کے رہ جاتے ہیں۔ دریا اپنی روانی چھوڑ دیتا ہے اور کچھ عجیب بات ہے کہ اسی وقت گاہک بھی کچھ ضرورت سے زیادہ آ گئے تھے۔ مختصر یہ کہ ملا جلا مجمع ضرورت سے کچھ زیادہ ہی تھا۔ اور سڑک تھوڑی بہت رک گئی تھی۔ یعنی ادھر اور ادھر دونوں طرف موٹر کھڑے ہارن دے رہے تھے کہ ناگاہ چودھری صاحب بھی اسی وقت آ موجود ہوئے۔

کچھ پریشان۔ کچھ بدحواس۔ چہرے کا رنگ اڑا ہوا تھا۔ غالباً وہ سمجھے ہوں گے اس اجتماع کو دیکھ کر کہ کوئی بلوہ ہو گیا ہے۔ یا دکان میں آگ لگ گئی ہے۔ مگر یہاں پر کچھ آل پاکستان مشاعرے کا رنگ دیکھ کر ان کی جان میں جان آئی۔ سر پکڑ کر ایک طرف خاموش بیٹھ گئے۔ یہاں تک کہ جب ہم نے غزل پڑھی تو بھی ہمارے کلام پر اچھل اچھل پڑنے والے چودھری صاحب سر پکڑے ہی بیٹھے رہے۔ یہاں تک کہ آنے والے رخصت ہو گئے۔ مجمع چھٹ گیا۔ سڑک کھل گئی۔ اور دکان پر کوئی نہ رہا تو چودھری صاحب

نے نہایت خاموشی سے اٹھ کر کہا،
"قیس صاحب آج کون تاریخ ہے۔"
عرض کیا۔"پندرہ۔"
انہوں نے کہا، "میں بصد ادب آدھے مہینہ کی یہ تنخواہ پیش کر رہا ہوں اور آدھے مہینہ کی مزید تنخواہ اپنی طرف سے ہدیہ کے طور پر پیش کر رہا ہوں۔ امید ہے آپ مجھ کو معاف فرمائیں گے۔"
عرض کیا۔"بات کیا ہے آخر۔"
کہنے لگے، "میں شرمندہ ہوں گا اس سلسلہ میں بات کرتے ہوئے۔ صرف اسی قدر عرض ہے کہ میری دکانداری تو ختم ہو کر ہی رہ جائے گی۔ اگر آپ کچھ اور دن یہاں رہے، اس عرصہ میں جو نقصانات ہو چکے ہیں ان سے میں بے خبر نہیں ہوں۔"
لاکھ ان سے تفصیلی گفتگو کرنا چاہی مگر وہ بس ہاتھ ہی جوڑتے رہے۔ اور اپنی دکان سے رخصت کر دیا۔ مگر اب اپنے شاعر احباب کے مشورے سے ہم نے ایک سائن بورڈ اپنے مکان پر ہی ٹانگ لیا ہے،
"ادارہ اصلاح سخن"
یہاں کلام میں اصلاح بھی دی جاتی ہے۔
اور دوسرے کے لیے بہتر سے بہتر کلام بھی حسب فرمائش تیار کیا جاتا ہے۔
صبح سے شام اس سائن بورڈ کے زیر سایہ بیٹھے رہتے ہیں۔ آج پندرہ روز ہو چکے ہیں۔ مگر اب تک صرف دو گاہک آئے ہیں۔ ایک صاحب کی بیوی روٹھ کر میکے چلی گئی ہیں اور وہ چاہتے ہیں کہ ایسے پھڑکتے ہوئے شعر ان کو لکھے جائیں کہ بیوی تڑپ کر واپس آ جائے۔ شعر ان کو کہہ کر دے دیے ہیں۔ آٹھ آنے وہ دے گئے ہیں۔ اور آٹھ آنے

بیوی کے آجانے پر دیں گے۔

دوسرے صاحب اس لیے تشریف لائے تھے کہ وہ واقع ہوئے ہیں قوال۔ ان کے ایک حریف قوال نے کسی پچھلی محفل میں ایک چیز گا کر محفل کو لوٹ لیا ہے۔ اب وہ چاہتے ہیں کہ اسی قسم کی اس سے زبر چیز کہہ دی جائے۔ وعدہ ہوا ایک روپیہ کا۔ اور اگر وہ چل گئی تو جیسی آمدنی محفل میں ہوگی ویسی ہی وہ ہماری خدمت بھی کریں گے۔ یہ چیز ہم تیار کر رہے ہیں۔"

ان دو گاہکوں کے علاوہ اب تک اور کوئی نہیں آیا۔ ہاں میں بھولا۔ ایک صاحبزادے بھی شاگردی کرنے آئے تھے۔ اور پوچھ رہے تھے کہ وہ جو ہم کو استاد کیں لد گے تو ہم ان کو اس کسر نفسی کا کیا معاوضہ دیں گے۔ یہ ہے اس دور میں آپ کی شاعری کا حال۔ اور اس حال میں ہیں آپ کے وہ شاعر جو آپ کے ادب کو مالا مال کر رہے ہیں۔

***

جنس ہنر بیچتا ہوں

عین اس وقت جب بیروزگاری سے تنگ آکر یہ فیصلہ کر رہے تھے کہ نمائش میں ایک اسٹال لے کر چاٹ کی دوکان کھولیں اور دہی بڑے بیچ کر کسی طرح پیٹ تو پالیں۔ مرزا صاحب نے آکر ملازمت کا مژدہ سُنایا۔ سوکھے دھانوں پر پانی برسا۔ جی چاہا مرزا کے قدموں پر گر کر مارے شکر گزاری کے جان دے دیں۔ کہاں ملتے ہیں کسی کو ایسے دوست جو سیہ بختی میں بھی ساتھ نہ چھوڑیں اور وقت پر یوں کام آئیں۔ ایک تو ملازمت ڈھونڈھی پھر وہ بھی ایسی ملازمت کیوں ریاست کہیے اس کو۔ سو روپیہ ماہوار تنخواہ، کھانا نواب صاحب کے ساتھ اُن ہی کے دستر خوان پر، رہنے کا مکان۔ سواری میں موٹر۔ خدمت کے لیے نواب صاحب کے بے شمار خدمت گار موجود اور کام صرف یہ کہ نواب صاحب کے کلام پر اصلاح دے دیا کریں۔ گویا استاد شہ۔ جس سے غالب کی بھی یہ تاب، یہ مجال اور یہ طاقت نہ تھی کہ پرخاش کا خیال کرتے۔ دیر تک تو یہ یقین ہی نہیں آیا کہ مرزا جو کچھ کہہ رہے ہیں وہ سچ ہے اور جب یقین آیا اور ان کا شکریہ ادا کرنا چاہا تو وہ ہوا کے گھوڑے پر سوار نظر آئے۔

"یعنی عجیب منحوس ہو۔" میں نواب صاحب سے کہہ آیا ہوں کہ ابھی لارہا ہوں تم کو اور تم ہو کہ منہ اٹھائے بیٹھے ہو چغد کی طرح۔ کپڑے پہن کر چلو نا میرے ساتھ پھر ان کے حرم سرا میں جانے کا وقت آجائے گا۔

جلدی جلدی کپڑے بدلے اور ہر چند کہ سو پشت سے آبا کا پیشہ کچھ سپہ گری ہی کی قسم کا تھا مگر آج چوں کہ شاعری ذریعہ عزت بن رہی تھی لہٰذا اپنے کو اپنے نزدیک بڑا استاد السلطان بنا کر مرزا کے ساتھ ہو لیے۔ راستہ بھر مرزا آداب دربار سمجھاتے رہے اور بار بار یہ اصرار کہ ذرا لیے دیے رہنا اپنے کو گرا پڑا ثابت نہ کرنا۔ کلام کی فرمائش ہو تو ذرا کوئی ٹھاٹھ دار چیز سُنانا اور پڑھنے کا انداز ایسا ہو کہ جھوم ہی تو جائیں سب۔ ہم ایک ایک بات گرہ میں باندھتے ہوئے آخر نواب صاحب کی کوٹھی کے دروازے پر جا پہنچے۔ یہاں مرزا نے آخری مرتبہ ہم کو سر سے پیر تک دیکھا اور ہر طرح کا اطمینان کرنے کے بعد آخری بات سمجھاتے ہوئے کہا، "اگر اتفاق سے نواب صاحب بہادر اپنا کلام سُنانے خود بیٹھ جائیں تو خواہ وہ کتنا ہی مہمل ہو مگر تم داد دینے میں زمین آسمان کے قلابے ملا دینا۔" اور اس آخری ہدایت کے بعد وہ ہم کو لے کر کوٹھی میں داخل ہو گئے۔

کوٹھی کے سبزہ زار پر اس وقت دربار لگا ہوا تھا، کرسیوں پر حاضرین بیٹھے ہوئے تھے اور صدر میں ایک تخت پر ابوالہول کی نسل کے ایک بزرگ گاؤ تکیہ کا سہارا لیے اپنے شفاف سر پر خدمت گار سے تیل کی مالش کروا رہے تھے کہ مرزا صاحب نے پہنچ کر فرشی سلام کرتے ہوئے کہا، "حضور والا دیکھئے، آخر میں لے ہی آیا خنجرؔ صاحب کو، شاگردوں کا ایک جم غفیر تھا اور اصلاح دینے کا سلسلہ جاری تھا مگر حضور کا نام لیا تو بیچارے سب کچھ چھوڑ کر چلے آئے۔"

ہم نے بھی فرشی سلام کیا۔ نواب صاحب نے بمشکل تمام اپنا بوجھ خود اٹھا کر ذرا سا ابھرتے ہوئے فرمایا، "تشریف رکھیے۔ آپ کی بڑی تعریف سنی ہے مرزا صاحب سے، تو آپ کس قسم کے شعر بناتے ہیں؟"

ایک دم چکر سا آ گیا یا اللہ، "یہ شعر بنانا" کیا ہوتا ہے۔ مگر شکر ہے کہ مرزا صاحب

ہماری طرف سے بول رہے تھے، "حضور، مانے ہوئے استاد ہیں یہ، ہر قسم کے شعر لاکھوں کی تعداد میں کہہ کر شاگردوں کو بانٹ چکے ہیں اور خود بھی تو تین چار دیوان اپنے ہی ہیں۔"

نواب صاحب نے یکمشت چھ سات پان اپنے تنور نما منہ میں ٹھونستے ہوئے فرمایا، "بھئی خود ان کو بھی تو بولنے دو، کیا بتایا تھا تم نے لقب آپ کا۔"

مرزا نے کہا، "حضور لقب نہیں تخلص۔"

حاضرین دربار میں سے ایک صاحب بولے، "وہ بھی ایک قسم کا لقب ہوا نا۔"

ہم نے جلدی سے عرض کیا، "اس خاکسار کو خنجر کہتے ہیں۔"

نواب صاحب نے اگلدان میں منہ ڈالتے ہوئے فرمایا، "خنجر ٹھیک، مطلب یہ کہ قتل کرتے ہوں گے آپ اپنی چیزیں سُنا سُنا کر لوگوں کو۔ اچھا تو پھر ہو جائے کوئی پھڑکتی ہوئی چیز۔ کیوں بھائی دلاور خان کیا صلاح ہے۔"

دلاور خان نے کہا، "کوئی حقانی چیز رہے استاد۔"

نواب صاحب نے کہا، "اماں تم تو ہو نرے گھامڑ۔ حقانی چیز کا بھلا کون سا موقع ہے، نہ جمعہ نہ جمعرات۔ اُستاد آپ تو کوئی عاشقانہ چیز سنائیں کہ طبیعت لوٹ پوٹ ہو کر رہ جائے۔"

ایک اور صاحب بولے، "ہاں، یہ بات کہی ہے سرکار نے۔ تو پھر استاد شروع ہو جایئے۔"

ہم ابھی پس و پیش کر ہی رہے تھے کہ مرزا نے قہر آلود نگاہوں سے گھورا اور دانت پیس کر اشارہ کیا کہ سُناؤ اور یہاں عالم ہے کہ کوئی ایسی چیز سمجھ میں نہ آرہی تھی جو اس محفل میں سُنائی جا سکے۔ آخر مرزا نے خود ہی کہا، "خنجر صاحب، اپنی وہ غزل سنایئے جس

پر مشاعرے میں تمغہ ملا تھا۔" وہ کیا ہے غزل، "گریباں نہ ہوا بیاباں نہ ہوا۔"

تمغہ ومغہ تو خدا نہ کرے کہ ملتا البتہ غزل اس زمین میں ضرور تھی، جان پر کھیل کر یہی غزل شروع کر دی۔ اب یہ عالم ہے کہ ہم غزل پڑھ رہے ہیں اور ہر شعر پر نواب صاحب "ہے ہے ہے" کر کے نہایت بدتمیزی سے ہنس رہے ہیں۔ یا کبھی کبھی گھٹنہ پر طبلہ بجانے لگتے ہیں۔ خدا خدا کر کے بمشکل تمام غزل ختم ہوئی۔ نواب صاحب نے داد دیتے ہوئے فرمایا، "یار مزہ آ گیا۔ کیا مزے کی چیز سُنائی ہے۔ اچھا تو اس پر تمغہ ملا تھا؟"

مرزا نے کہا، "ایک تمغہ کیا۔ ان کا تو یہ حال ہے کہ جس مشاعرے میں پہنچ گئے بس اپنے سامنے کسی کا چراغ جلنے نہیں دیتے۔"

وہ صاحب جن کا نام دلاور خان تھا جھوم کر بولے، "اور آواز بھی اپنی قسم کی بڑی پاٹ دار ہے۔"

نواب صاحب نے کہا، "تو بھئی مرزا صاحب، تم وہ بات کر لو نا ان سے۔ بس ذرا یہ سمجھا دینا کہ اپنا ہی گھر سمجھ کر رہیں۔ ایمانداری اصل چیز ہے۔ یہ تو تم جانتے ہی ہو کہ اس ڈیوڑھی پر جو ایک دفعہ ملازم ہو گیا ہے پھر مر کر ہی نکلتا ہے۔"

مرزا صاحب نے کہا، "ایسے تو میں بات کر چکا ہوں مگر ان کو لے جا کر پھر فیصلہ کیے لیتا ہوں۔"

نواب صاحب نے کہا، "ہاں ساری بات صاف ہو جائے اور ہاں یہ طے کر لینا کہ پھر کسی اور کو شاگردی میں نہیں لے سکتے۔"

مرزا صاحب نے ہم کو اٹھنے کا اشارہ کرتے ہوئے کہا، "میں ابھی سب کچھ سمجھائے دیتا ہوں۔"

ہم دونوں اٹھ کر کوٹھی کے ایک علاحدہ کمرے میں پہنچ گئے تو ہم نے اِدھر اُدھر

دیکھ کر کہا، "مرزا صاحب مجھ کو تو سخت وحشت ہو رہی ہے۔ یہاں کس طرح نباہ کر سکوں گا ان لوگوں سے۔"

مرزا صاحب نے کھا جانے کے انداز میں کہا، "کیا مطلب؟ کون سی بات ایسی ہوئی جس سے وحشت ہوئی آپ کو۔"

ہم نے حیرت سے کہا، "یعنی کمال کرتے ہیں آپ، جہاں تخلص کو لقب کہا جائے۔ جہاں شعر کہنے کو شعر بنانا کہا جائے، جہاں ایک شاعر سے حقانی اور عاشقانہ چیز سننے کی فرمائش ہو، جہاں بد تمیزی سے ہنس ہنس کر شعر سنے جائیں اور سن سن کر گھٹنے پر طبلہ بجایا جائے اور جہاں بجائے کلام کے آواز کے پاٹ دار ہونے کی داد دی جائے وہاں آپ کے نزدیک وحشت بھی نہ ہو کسی کو۔"

مرزا صاحب نے بگڑ کر کہا، "بس تو پھر جانے دو، بڑے شاعر بنے پھرتے ہیں، وہی مثل کہ گھر میں نہیں دانے اور اماں چلیں بھنانے، روٹیوں کا سہارا جو نظر آیا تو دماغ میں لگا کیڑا رینگنے، تم تو اسی قابل ہو کہ جوتیاں گھسیٹتے پھرو، مگر کان کھول کر سُن لو کہ اب مجھ سے کبھی اپنی بے روزگاری کا رونا رونے نہ بیٹھنا۔"

ہم نے خوشامد سے مرزا کو سناتے ہوئے کہا، "بھئی خفا نہ ہو، تم کو کیا پتہ تمہاری اس ہمدردی کا میرے دل پر کتنا اثر ہوا، مگر میں تو یہ کہہ رہا تھا کہ آخر ان نواب صاحب کے کہیں آس پاس بھی شاعری ہے یا میں اصلاح ہی دوں گا۔ جو شخص تخلص اور لقب تک کی تمیز نہ رکھتا ہو وہ کیوں کر شاعر بن سکتا ہے جس کو شعر سننا نہ آتا ہو وہ شعر کہہ کیوں کر سکے گا۔"

مرزا نے ڈانٹا، "پھر وہی۔ میں پوچھتا ہوں تم کو آم کھانے سے مطلب ہے یا پیڑ گننے آئے ہو۔ تمہاری بلا سے وہ شاعر بنیں یا نہ بنیں۔ کمال تو تمہارا یہی ہے کہ تم ان کو اسی

مغالطہ میں رکھو کہ وہ شاعر بن گئے ہیں۔ بھائی تم نوکری کرنے آئے ہو، کچھ نہ کچھ تو قیمت دینا ہی پڑتی ہے۔ آخر اب اگر اس نازک مزاجی سے کام لوگے تو کر چکے نوکری تم، میں تو یہ کہتا ہوں کہ عیش کروگے عیش یہاں اور اگر ذرا عقلمندی سے کام لیا تو یہ سب بیوقوف تمہاری مٹھی میں رہیں گے۔"

طبیعت کسی طرح گوارانہ کرتی تھی مگر یہ بھی واقعہ تھا کہ روزگار کی اور کوئی صورت بھی نہ تھی۔ ایک طرف اگرچہ صحبت ناجنس تھی تو دوسری طرف بے فیل ہم جنس جن میں سے ہر ایک قحط زدہ فاقہ مست۔ آخر ہم نے مرزا سے کہہ دیا کہ "اچھا بھائی مقدر آزمائیں گے یہاں بھی۔ جاؤ کہہ دو نواب صاحب سے کہ ہم راضی ہیں۔"

مرزا نے پیٹھ ٹھونکتے ہوئے کہا، "یہ پس و پیش نہایت احمقانہ تھا۔ ظاہر ہے کہ بیوقوف تو ہوتے ہی ہیں یہ لوگ اور خوش نصیب ہے وہ جس کو بنے بنائے چغد مل جائیں۔ تم کو تو چاہیے کہ نواب صاحب کو ایسا اپنے شیشے میں اُتارو کہ پانچوں انگلیاں گھی میں ہوں۔ آؤ بس یہ ٹھیک ہے اور میں نے بھی کچھ سمجھ کر ہی یہ صورت پیدا کی ہے۔"

مرزا صاحب نے اُسی وقت نواب صاحب سے جاکر کہہ دیا کہ تمام معاملات طے پاگئے اور خنجر صاحب اب اسی وقت سے آپ کے یہاں رہیں گے۔ یہ سنتے ہی نواب صاحب نے خدمت گار کو مٹھائی اور پھول پان لانے کا حکم دیا کہ شاگردی استادی کی رسم ادا ہو جائے اور ہم سے کہا،

"استاد، اب کوئی اچھا سا، وہی کیا نام اس کا تلفظ؟"

مرزا صاحب نے بات کاٹ کر کہا، "آپ کا مطلب ہے تخلص۔ خنجرؔ صاحب ابھی کہہ رہے تھے کہ نواب صاحب کے لیے تخلص کوثرؔ اچھا رہے گا۔"

نواب صاحب نے چونک کر کہا، "یہ کیسے ہو سکتا ہے، ہماری بیگم کی چھوٹی بہن کا نام

ہے یہی۔"

ہم نے کہا، "دیوان حافظ سے تخلص نکالا جائے آپ کے لیے۔"

نواب صاحب نے تعجب سے پوچھا، "کون سے دیوانے حافظ؟ حافظ عبدالغفور تو نہیں۔ وہ تو آج کل باہر ہیں۔"

مرزا صاحب نے کہا، "کیوں خنجرؔ صاحب ساقیؔ کیسا رہے گا۔"

نواب صاحب نے اچھل کر کہا، "بھئی یہ ٹھیک ہے۔ کیوں استاد، بڑا بانکا تخلص ہے ساقیؔ۔"

ہم نے عرض کیا، "بالکل ٹھیک، نہایت اچھا تخلص ہے اور بڑا مبارک ہے۔"

نواب صاحب نے خوش ہو کر کہا، "تو اب ہمارا پورا نام ہوا نواب عبدالکریم خاں ساقیؔ، مزہ آگیا یار۔"

اس عرصہ میں ملازم مٹھائی اور پھولوں کے ہار لے کر آگیا۔ نواب صاحب نے اپنے ہاتھ سے ہمارے گلے میں ہار ڈالا اور ہم نے اپنے ہاتھ سے نواب صاحب کو مٹھائی اور قند دیتے ہوئے کہا، "خدا آپ کو شیریں کلام بنائے۔"

حاضرین نے "آمین" کا نعرہ کورس میں بلند کیا اور سب نے نواب صاحب کو مبارک باد دی۔ نواب صاحب نے اسی وقت اکاون روپے اور ایک قلمدان ہم کو مرحمت فرماتے ہوئے کہا، "لو استاد، یہ استادی کا قلمدان ہے، اب ہم شاگرد اور تم استاد۔ اب لگے ہاتھ مشاعرہ تو کر ڈالو جلدی سے جیسا نواب نکاری کے یہاں ہوا کرتا ہے۔"

اب سمجھ میں آئی اس شاعری کے شوق کی وجہ کہ یہ سب کچھ نواب صاحب نکاری کی چوٹ پر ہو رہا ہے۔ وہ ایک پڑھا لکھا صاحب ذوق رئیس، دن رات اس کے یہاں بھی یہی علمی ادبی چرچے۔ اچھا خاصا شعر وہ کہتا ہے، آپ چلے ہیں اس کی نقل اتارنے۔ مگر

اب تو کرنا ہی تھا مشاعرہ۔ اخراجات کی منظوری لی جو نہایت دریا دلی سے دی گئی۔ طرح مقرر کی، دعوت نامے چھپوائے۔ شعرائے کرام سے وعدے لیے اور سب سے بڑی بات یہ کہ اپنے نواب صاحب کے لیے بھرپور غزل کہی۔ مگر خدا جانتا ہے کہ غزل کہنے میں اتنی محنت نہیں پڑتی جتنی محنت نواب صاحب کو پڑھنے کی مشق کرانے میں کی۔ ضد یہ تھی کہ گا کر پڑھوں گا اور عالم یہ کہ ایسے بے سرے سے کبھی سابقہ نہ پڑا تھا۔ بمشکل تمام ایک ہفتہ تک شب و روز محنت کر کے موزونیت، تلفظ اور لے کر طرف سے تو تھوڑا بہت اطمینان ہو گیا مگر آواز تو ظاہر ہے جیسی تھی ویسی ہی رہی۔

اس ایک ہفتہ میں معلوم ہوتا تھا کہ اچھے خاصے بینڈ ماسٹر ہو کر رہ گئے ہیں۔ نواب صاحب غزل پڑھ رہے ہیں اور ہم ان کے سامنے کھڑے ہوئے ہاتھ سے اتار چڑھاؤ سمجھا رہے ہیں۔ خدا خدا کر کے مشاعرے کی رات آئی۔ نواب کی کوٹھی پر جشن کا سماں تھا اور معلوم ہوتا تھا کہ نواب صاحب دولھا بنے بیٹھے ہیں۔ شہر کے تمام اعلیٰ حکام روسا اور شعراء میں سے تمام نامی گرامی شاعر محفل میں موجود۔ لیجئے مشاعرہ شروع ہو گیا اور بڑی کامیابی کے ساتھ اس وقت تک جاری رہا جب تک شمع محفل نواب صاحب کے سامنے نہیں آئی۔ اب جو ہمارے خداوند نعمت کی باری آئی تو ایک تو جناب کی قطع اس پر سے گھبراہٹ پھر مصیبت بالائے مصیبت یہ کہ طرز بھول گئے جو صاحب پہلے پڑھ رہے تھے اُن ہی کی دھن میں شروع ہو گئے اور وہ بھیانک آواز نکالی کہ لاکھ ضبط سے کام لیا پھر بھی لوگوں کی ہنسی نہ رُکی۔ بمشکل تمام اس طوفان کو رکوایا تو کسی بد تمیز سخن فہم نے داد دیتے ہوئے کہہ دیا، "کیا کہنا ہے خنجرؔ صاحب رنگ چھپائے نہیں چھپتا۔" لاکھ عقل کے نیلام کنندہ سہی مگر یہ چوٹ سمجھ گئے اور تیور بگڑ گئے۔ سونے پر سہاگہ یہ ہوا کہ بحیثیت استاد کے آخر میں جو غزل ہم نے پڑھی تو وہ اتفاق سے خوب چلی چھتیں اڑ گئیں۔ دھویں پار

ہو گئے۔ نتیجہ اس کا یہ ہوا کہ مشاعرہ تو خیر ختم ہو گیا مگر شامت آئی ہماری۔ فوراً طلبی ہوئی اور اب جو دیکھتے ہیں تو نواب صاحب پھولے اور سوجے بیٹھے ہیں۔ ہم کو دیکھتے ہی برس پڑے،

"کیوں صاحب، یہی ہے آپ کی وفاداری کہ آپ نے میرے ساتھ یہ سلوک کیا، آپ کا قصور نہیں ہے یہ خطا ہے میرے نمک کی، میرا مذاق اُڑوایا لوگوں سے کہتے پھرے کہ میں نے غزل لکھ کر دی ہے۔"

عرض کی، "توبہ، توبہ، بھلا یہ کیوں کر ممکن تھا مجھ سے۔ یہ آپ سے کس نے کہا۔"

نواب صاحب نے آنکھیں نکال کر، "کہتا کون؟ میں نے خود سنا کہ لوگ آپ سے پکار پکار کر کہہ رہے تھے کہ رنگ چھپائے نہیں چھپتا۔ اس کا کیا مطلب تھا آخر، پھر یہ کہ اپنی غزل ایسی تگڑی بنائی اور میری ایسی پھسپھسی۔"

عرض کیا، "یہ بھی جناب والا کا خیال۔ کسی سخن فہم کے سامنے دونوں غزلیں رکھ دیجیے کہ کون سی غزل اچھی ہے۔ میں نے تو خود غزل کے اچھے شعر آپ کے لیے نکال دیے تھے اور کمزور شعر اپنے لیے رکھ لیے تھے۔"

نواب صاحب نے کہا، "یہ سب کہنے کی باتیں ہیں۔ یہی بات ہوتی تو آپ کی غزل کیوں اچھلتی اس قدر اور میری غزل کا کیوں مذاق اڑتا اتنا۔"

اب یہ بات نواب صاحب کو کیوں کر سمجھائی جا سکتی تھی کہ مذاق غزل کا نہیں بلکہ خود آپ کا اڑا ہے۔ آخر عاجز آکر عرض کیا، "بہرحال آئندہ سے میں خود مشاعرہ میں غزل نہیں پڑھوں گا۔"

غالباً نواب صاحب یہی چاہتے تھے سمجھاتے ہوئے بولے، "اب دیکھئے نا، آپ کو تنخواہ تو اسی بات کی ملتی ہے کہ ہم نے آپ کی شاعری کو گویا خرید لیا ہے آپ نے کسی

زر دوزی کا کام کرنے والے کو یہ نہ دیکھا ہو گا کہ وہ خود زر دوزی کا لباس پہنے۔ آپ نے کسی دھوبی کو نہ دیکھا ہو گا کہ وہ اپنے کپڑوں پر استری کر کے پہنے اور گاہکوں کے کپڑے رہنے دے۔ آپ نے کسی بڑھئی کو نہ دیکھا ہو گا کہ وہ اپنے لیے میز کرسیاں بنائے۔ یہ سب کچھ وہ بناتے ضرور ہیں مگر بیچنے کے لیے۔ اسی طرح آپ بھی کاریگر ہیں۔ آپ بھی شعر بنائیے مگر اپنے لیے نہیں، اب خود اپنا شاعر ہونا بھول جائیے۔"

دلاور خان نے ہاں میں ہاں ملائی، "اور نہیں تو کیا۔ میاں تم اپنے بچوں کا خیال کرو، یہ تو سب امیروں رئیسوں کے شوق ہیں، شاعر بنوگے تو کیا کھاؤگے؟"

اور سب نے بھی قائل کیا اور آخر ہم خاموش ہو گئے۔ نتیجہ یہ کہ اب ہم کو شعر گوئی کی قطعاً اجازت نہیں جو کچھ کہیں وہ نواب صاحب کا۔ خود نہ کسی مشاعرے میں شرکت کی اجازت نہ کسی رسالے میں کلام بھیجنے کا اختیار۔ البتہ کہتے رہتے ہیں دن رات اور خدا کے فضل سے نواب صاحب کا تیسرا دیوان آج کل پریس میں ہے۔ اس دیوان کے ہر مصرعہ کے اعداد نکالنے سے ہماری تاریخ وفات نکلتی ہے۔ ویسے خدا نے واقعی ہمیں جنت نصیب کر رکھی ہے۔

***

افیونی کی جنت

میر صاحب نے اپنے دونوں گھٹنوں کے اندر سے سر نکالتے ہوئے کہا، "بھائی سچ تو یہ ہے کہ غنیمت ہے کہ ہم صورت یہاں دو چار بیٹھے ہیں۔ چند روزہ زندگی خدا اسی طرح کاٹ دے، پھر مرنے کے بعد تو خدا جانے ہم افیونیوں کا کیا حشر ہو گا۔"

مرزا صاحب نے جو اپنی پیالی کے اندر گویا خود ہی حل ہو جانے کے قریب تھے خفیف سا ابھرتے ہوئے کہا، "مرنے کے بعد حشر کیا ہو گا۔ اماں جنت میں ہم افیونی نہ جائیں گے تو اور کون جائے گا۔ ہم نہ کسی کے اچھے میں نہ بُرے میں، نہ ہم کو چوری سے مطلب نہ کسی اور برے کام سے۔ بس ایک گوشہ میں بیٹھے ہوئے اپنے کام سے کام رکھتے ہیں۔ ہم کو تو سچ پوچھئے گناہ کرنے کی مہلت ہی نہیں ملتی اور یہی سب سے بڑا ثواب ہے کہ انسان گناہ نہ کرے۔ پھر بھلا جنت ہمارے لیے نہیں تو کیا ان لوگوں کے لیے ہے جو پینک کو تو بُرا کہتے ہیں مگر دنیا بھر کی روسیاہیوں کو نہیں دیکھتے۔"

خاں صاحب نے طلسم ہوشربا کی جلد کے اندر سے نکلتے ہوئے فرمایا، "سچ کہتے ہو بھائی مرزا ہم تو واقعی جنتی ہیں۔ سولہ آنہ جنتی اور جو ہم کو جنتی نہ سمجھے اس پر اسی کالی گولی کی مار پڑے۔"

مرزا صاحب نے اپنی نیم وا آنکھوں سے خاں صاحب کو دیکھتے ہوئے کہا، "اماں آج اس افیون اور ہم افیونیوں پر ہنسنے والے ہنس لیں، ہم کو بُرا کہنے والے خوب جی کھول کر بُرا

کہہ لیں مگر جب جنت میں دیکھیں گے تو۔۔۔"

میر صاحب نے چونکتے ہوئے کہا، "بھائی بات تو جب ہے کہ ہم افیونیوں کو جنت میں بھی یہی صحبت ملے اور یہی محفلیں گرم رہیں۔ اللہ ہی جانے کہ وہاں افیون بھی ملے گی یا نہیں۔"

میر صاحب نے نہایت سنجیدگی کے ساتھ کہا، "یہ بھی آپ نے ایک ہی کہی کہ وہاں بھی افیون ملے گی یا نہیں۔ بھائی یہ تو سمجھو کہ وہاں سوائے افیون کے اور ہو گا کیا۔ میں تم کو اپنا ہی ایک قصہ سناتا ہوں کہ میں نے کیوں کر ذرا سی دھوکے میں جنت کی سیر کی اور کل حالات معلوم کر لیے۔ ہوا یہ کہ اب سے دور میرا انتقال ہو گیا۔"

خاں صاحب نے تعجب سے پوچھا، "ایں کیا کہا انتقال ہو گیا؟ کیا تمہارا انتقال ہو چکا ہے؟"

میر صاحب نے کہا، "ہاں ہاں بھائی انتقال ہو گیا تھا سنو تو سہی۔ بات یہ ہوئی کہ اوّل تو وقت کچھ ایسا آپڑا تھا کہ دو دن تک پینے کو نہ ملی۔ ایک غیرت دار افیونی کے لیے یہی موت ہے۔ دوسرے ایک عجیب دھوکا یہ ہوا کہ میرے ہی محلہ میں میرا ایک ہم نام قلعی گر رہتا تھا اس کو ہوا سرسام مگر نام کے دھوکے سے روح میری قبض کر لی گئی اور فرشتے مجھ کو لے کر سیدھے جنت میں پہونچے۔ بس کچھ نہ پوچھئے کہ میں نے وہاں کیا دیکھا۔ سب سے پہلے تو جنت کے دروازے ہی پر میرا پرانا دوست منجھو جس کا تین برس ہوئے انتقال ہو چکا ہے ملا اور مجھ کو دیکھ کر تعجب سے پوچھا، "ارے بھائی میر صاحب تم کہاں؟"

میں نے اس کو اپنے انتقال پُر ملال کی خبر وحشت اثر سنائی۔ اس کو بھی سخت صدمہ ہوا اور مجھ کو صبر کی تلقین کرنے لگا کہ مشیت ایزدی یہی تھی۔ اب رونے سے کیا ہوتا ہے، خدا تم کو نعم البدل دے گا وغیرہ۔ مگر پھر وہ پینک سے خود ہی چونکا اور اس نے کہا کہ

اماں میر صاحب بھلا یہ افسوس کرنے یا رونے کا کیا مقام ہے؟ اچھا ہوا کہ تم مر گئے۔ خدا ہر افیونی کو مرنا نصیب کرے اور سب مر کر یہاں آجائیں۔ اب تو اس کی اس بد دعا پر مجھ کو بھی تعجب ہوا کہ آخر کہہ کیا رہا ہے۔ مگر اس نے میرے تعجب پر مسکرا کر کہا، میر صاحب کچھ کو خبر بھی ہے کہ تم جنت میں ہو۔ اس جنت میں جس کو دیکھ کر تمہاری آنکھیں کھل جائیں گی۔ چلو تم کو ذرا جنت کی سیر کراؤں۔

اس کے اس کہنے پر میں داروغۂ جنت کے دفتر تک گیا بلکہ سیدھا اس کے ساتھ ہو گیا اور اس کے پیچھے پیچھے جنت میں داخل ہو گیا۔ میں تم سے کیا بتاؤں کہ میں نے وہاں کیا دیکھا۔ اماں دیکھتا ہوں کہ نہایت کشادہ سڑکوں پر دورویہ افیون کے نہایت عالیشان محلات کھڑے ہوئے ہیں اور سڑکوں کے دونوں طرف پوستے کے درخت قطار در قطار لگے ہوئے ہیں۔ جن سڑکوں پر ہم لوگ چل رہے تھے وہ سنگ مرمر کی معلوم ہوتی تھیں مگر سفید رنگ کی باریک ریت اور سفید چمکدار ڈھیلے بھی جابجا پڑے ہوئے تھے۔ میرے دوست منجھو مرحوم نے کہا کہ اس سڑک کو بھی سمجھئے کہ کس چیز کی ہے۔ میں نے ابھی کوئی جواب بھی نہ دیا تھا کہ اس نے مٹھی بھر دھول اٹھا کر میرے منھ میں ڈال دی۔ بس سمجھ لو کہ منھ سے لے کر معدہ تک شیرینی کی لہر دوڑ گئی۔ اماں ایسی میٹھی شکر تو میں نے کبھی کھائی ہی نہیں تھی۔ میں تعجب سے آنکھیں پھاڑ کر منھ کھول دیا تو منجھو مرحوم نے ایک ڈھیلا میرے منھ میں دے دیا۔ یہ دراصل مصری کا ڈلا تھا۔ بھائی ایسی مصری اس دنیا میں سو روپیہ تولہ بھی ڈھونڈھو تو نہ ملے۔ مطر میں پسی ہوئی، برف سے زیادہ ٹھنڈی، روئی سے زیادہ ہلکی اور ایسی مفرح کہ میں کیا کہوں۔ بہر حال میں مزے لے لے کر مصری کھا ہی رہا تھا کہ منجھو مرحوم نے مسکرا کر پوچھا، کہو کچھ شغل ہو گا؟ میں تو چار دن کا ترسا ہوا تھا ہی، نہایت اشتیاق کے ساتھ کہا کہ "نیکی اور پوچھ پوچھ۔"

منجھو مرحوم نے وہیں پر ٹھہر کر کہا، "تو پھر تکلیف کس بات کا ہے۔ آخر یہ سب کس کے لیے ہے۔ جس عمارت سے چاہو اور جتنی چاہو افیون نوچ لو اور اگر گھلی گھلائی چاہتے ہو تو وہ دیکھو سامنے حوض ہے جس میں تم غوطہ تک لگا سکتے ہو۔"

افیون کی یہ کثرت دیکھ کر مجھ کو ایک قسم کا اطمینان سا ہو گیا اور میں نے اسی کو مناسب سمجھا کہ پہلے ذرا یہاں کی سیر ہو جائے اس کے بعد اطمینان سے بیٹھ کر شغل ہو گا۔ چنانچہ منجھو مرحوم کے ہمراہ چلتے چلتے میں ایک باغ میں پہونچا جہاں گنڈیریوں کے نہایت شاداب درخت قطاروں میں لگے ہوئے تھے۔ یہ گنے کے درخت نہ تھے بلکہ چھلی ہوئی اور کٹی ہوئی گنڈیریوں کے درخت تھے، بس یہ سمجھ لو کہ ان کو دیکھتے ہی منہ میں پانی بھر آیا۔ منجھو مرحوم نے فوراً ایک گنڈیری توڑ کر جو مجھ کو کھلائی تو آنکھیں کھل گئیں۔ اے سبحان اللہ کیا تعریف کی جائے اس گنڈیری کی۔ معلوم یہ ہوا کہ برفی کی لوزات میں انگور کا رس کسی نے معطر اور ٹھنڈا کر کے بھر دیا ہے یا پورا خطۂ کشمیر، دنیا بھر کی شیرینیوں میں لپٹ کر اور تمام دنیا کی خوشبوؤں میں بسنے کے بعد سمٹ کر گنڈیری بن گیا ہے۔ میں ابھی گنڈیری کا لطف ہی لے رہا تھا کہ منجھو مرحوم نے مجھ سے کہا،

"میر صاحب، وہ دیکھو سامنے چائے کی نہر بہتی ہے۔"

میں نے حیرت سے کہا، "چائے کی نہر۔" تو منجھو نے مجھ کو نہر کے طرف چلنے کا اشارہ کرتے ہوئے کہا،

"جی ہاں! یہ چائے کی نہر ہے۔ اس میں نہایت اعلیٰ درجہ کی کشمیری چائے ہر وقت موج در موج بہتی ہے۔ اس نہر پر تین چار نہایت خوب صورت پل بھی بنائے گئے ہیں۔ ایک پل حلوہ سوہن کا ہے جو اس قدر خوش ذائقہ حلوہ سوہن کا بنا ہوا ہے کہ دہلی کا حلوہ سوہن آپ بھول جائیں گے۔ دوسرا پل رامدانے کی لیّا کا ہے جس کو نہایت نزاکت سے

بنایا گیا ہے۔ تیسرا پل قلاقند کا ہے۔ ذرا اس پل کا ایک ٹکڑا کھا کر دیکھو کس قدر مزیدار ہے۔ چوتھا پنچ میل مٹھائی کا ہے۔ ان پلوں پر جا کر تم اس نہر کی سیر کر سکتے ہو۔" میں آئینہ حیرت بنا ہوا منجھو مرحوم کے پیچھے پیچھے نہر تک پہنچ گیا اور حلوہ سوہن کے پل کے اوپر جا کر نہر کی سیر کرنے لگا۔ اس نہر میں واقعی نہایت لاجواب قسم کی کشمیری چائے کا دھارا بہہ رہا تھا۔ جس میں برابر کی بالائی پڑی ہوئی تھی اور خوشبو سے باپ دادا تک کی روحوں کے دماغ معطر ہوئے جاتے تھے۔ پھر اس نہر کا منظر عجیب وغریب تھا۔ کہیں تو سنبوسوں کی خوب صورت کشتیاں رواں تھیں، کہیں شیر مالوں کے بجرے لنگر انداز تھے اور پھر لطف یہ کہ اس نہر کا ہر بھنور ایک باقرخانی تیار کرتا تھا اور ہر حباب سے ایک بتاشہ بنتا تھا۔ میں دیر تک اس منظر میں گم رہا۔ آخر منجھو مرحوم نے مجھ سے کہا کہ:

"چلو بھی بہت کچھ دیکھنا ہے۔ ریوڑیوں کی بارہ دری، گزک کا قلعہ، فیرینی کا کنواں، شربت کا آبشار، گاجر کے حلوہ کی دلدل، گڑ کا پہاڑ وغیرہ۔"

میں ان میں سے ہر چیز کا نام سن کر سخت حیران ہوا اور نہایت خاموشی کے ساتھ منجھو مرحوم کے ساتھ چل دیا۔ سب سے پہلے منجھو مرحوم نے مجھ کو ریوڑیوں کی بارہ دری دکھائی۔ اس بارہ دری کی ادنیٰ تعریف یہ ہے کہ دیکھو تو دیکھتے رہ جاؤ اور کھاؤ تو ڈکار تک لینے کا ہوش باقی نہ رہے۔ چھوٹی اور بڑی خوشبودار ریوڑیوں سے اس بارہ دری کو کچھ اس طرح بنایا گیا تھا کہ ریوڑیوں پر جواہرات کا شبہ ہوتا تھا اور معلوم یہ ہوتا تھا کہ پچہ کاری کے فن کو اس عمارت پر ختم کر دیا گیا ہے۔ حیرت تو یہ ہے کہ اس عمارت کے ستون آپ کھایئے، مگر وہاں کوئی کمی نہ ہوتی تھی اور جو ریوڑی جس جگہ سے آپ کھائیں اس کی جگہ ویسی ہی دوسری ریوڑی موجود۔ اگر یہ صنعت نہ رکھی گئی ہوتی تو اس بارہ دری کو لوگ کب کے ہضم کر چکے ہوتے۔ ریوڑیوں کی بارہ دری کے بعد گزک کا قلعہ بھی دیکھا۔

اماں یہ آگرہ اور دہلی کے قلعے اس کے سامنے بچوں کا کھیل معلوم ہوتے ہیں۔ اس قدر عظیم الشان قلعہ کہ جیسے پہاڑ کا پہاڑ کھڑا ہوا ہے اور کیا مجال کہ گزک کے علاوہ اس میں کوئی اور چیز لگی ہو۔ میں نے اس قلعہ میں بھی ایک اینٹ نکال کر کھائی اور آج تک اس کا مزہ بھولا نہیں ہوں۔ حد یہ ہے کہ میں آگرہ وغیرہ کی گزک کو بھی اب نہیں چھوتا۔ جس کو سب بڑے شوق سے کھاتے ہیں۔ گزک کا قلعہ دیکھنے کے بعد فیرینی کے کنویں پر گیا۔ اس کو کنواں کیوں کہا جائے یہ سمجھو کہ اچھی خاصی باؤلی ہے۔ میں نے دیکھا کہ اس کنویں میں نہایت نفیس قسم کی خوشبو دار فیرینی بھری ہوئی ہے۔ جس پر چاندی کے ورق نہایت سلیقہ سے لگے ہوئے ہیں اور جس طرح عام طور پر کنوؤں میں کائی جم جاتی ہے۔ اسی طرح اس کنویں میں بھی کائی جمی ہوئی تھی۔ مگر وہ کائی پستے اور بادام کی ہوائیوں کی تھی۔ منجھو مرحوم نے اس کنویں سے ایک سونے کا ڈول کھینچا اور اب جو میں اس فیرینی کو چکھتا ہوں تو روح تازہ ہوگئی۔ معلوم ہوا کہ شکر میں لپیٹ کر چوپاٹی کھا گئے۔ بھائی ایسی کھیر تو میں نے کبھی خواب میں نہ دیکھی تھی۔ حد یہ ہے کہ اب تک زبان میٹھی ہے۔ خیر صاحب اس کنوئیں سے چل کر شربت کا آبشار دیکھا۔ پھر گاجر کے حلوہ کی دلدل دیکھی اور آخر میں گڑ کا پہاڑ دیکھا۔ مگر سچ پوچھو تو اس وقت حقہ کی کمی نہایت بری طرح محسوس ہو رہی تھی۔ چنانچہ جیسے ہی میں نے منجھو مرحوم سے حقہ کا ذکر کیا، اس نے فوراً ہی اپنے جیب سے ایک طلائی نے نکال کر کہا، "لو پیو۔"

میں نے کہا، "آخر کیا پیوں؟ نہ حقہ نہ چلم، تم بھی بڑے مسخرے ہو۔"

تو منجھو مرحوم نے نہایت متانت سے کہا، "بھائی یہ حقہ ہی ہے۔ بات یہ ہے کہ یہ جنت ہے، یہاں آگ نہیں آسکتی۔ لہٰذا اس کی چلم تو ہے دوزخ میں اور نے آپ کے ہاتھ میں، دوزخ کے فرشتے برابر چلم بھرتے رہتے ہیں۔ ذرا تم پی کر تو دیکھو۔"

اب جو میں اس نے کا ایک کش لیتا ہوں تو آپ سے کیا کہوں کہ میرا کیا حال ہوا۔ ایسا خمیرہ تو میں نے کبھی پینا کیا معنی کبھی گلستاں بوستاں میں بھی نہ دیکھا تھا۔ معلوم یہ ہوا کہ جیسے اس کی خوشبو میرے جسم کے ہر حصہ میں دوڑ گئی۔ میں دیر تک حقہ پیتا رہا۔ آخر مجھ کو خیال آیا اور میں نے منجھو مرحوم سے کہا کہ "ایسا حقہ مجھ کو کہاں سے مل سکتا ہے؟"

منجھو نے کہا کہ "یہ سب چیزیں جنت کے داروغہ سے مل سکتی ہیں۔" اب تو مجھ کو بھی جنت کے داروغہ سے ملنے کا خیال پیدا ہوا اور میں سیدھا ان کے دفتر کی طرف روانہ ہوا۔ راستہ میں ایک عالیشان افیون کی عمارت دکھا کر منجھو مرحوم نے کہا،

"یہ جنت کا کتب خانہ ہے۔ اس میں طلسم ہوشربا، الف لیلیٰ، قصہ گل بکاؤلی، قصہ طوطا مینا اور تمام ان کتابوں کا عجیب و غریب ذخیرہ ہے جو افیونیوں کے ذوق کی سمجھی جاتی ہیں، خصوصاً طلسم ہوشربا کی باقی دو سو پچاس جلدیں جو دنیا میں نایاب ہیں، کتب خانہ میں محفوظ ہیں۔ مگر مجھ کو تو اس وقت داروغۂ جنت سے ملنے کی جلدی تھی۔ لہٰذا کتب خانہ کی عمارت کو باہر ہی سے دیکھتا ہوا داروغۂ جنت کے دفتر پہونچ گیا۔ منجھو مرحوم کو باہر ہی چھوڑ کر میں خود دفتر میں گیا تو کیا دیکھتا ہوں کہ وہاں بظاہر تو کوئی نہیں ہے مگر میرے پہونچتے ہی ایک آواز آئی کہ "آپ کا نام؟" میں نے ڈرتے ہوئے کہا،

"میر جعفر ہے اس غلام کا نام۔" پھر آواز آئی۔ "باپ کا نام؟" میں نے حافظہ پر زور دیا مگر کچھ یاد نہ آیا تو گھبرا کر کہہ دیا، "غلام کو یاد نہیں۔"

پھر آواز آئی "پیشہ؟"

میں نے کہا، "صرف افیونی ہے یہ ناچیز۔"

اس مرتبہ آواز ذرا تیز آئی کہ "کیا تم میر جعفر قلعی گر ابن میر باقر ہو؟"

"نہیں۔" میں نے گھبرا کر کہا، "ہر گز نہیں، وہ تو میر اہم محلہ ایک غیر افیونی ہے۔" اس کے جواب میں مجھ کو یہ خبر سنائی گئی کہ میری روح غلطی سے قبض کر لی گئی ہے۔ دراصل موت آئی تھی اس قلعی گر کی لہٰذا اب جو میں وہاں سے پھینکا جاتا ہوں تو اپنی چارپائی پر پڑا ہوا تھا اور سب کہہ رہے تھے کہ "میر صاحب مرے نہیں بلکہ پینک میں ہیں۔"

خاں صاحب نے ایک ٹھنڈی سانس لیتے ہوئے کہا، "اپنی اپنی تقدیر ہے بھائی۔ تم کو جیتے جی جنت مل گئی۔"

مرزا صاحب نے کہا، "خیر بھئی معلوم یہ ہوا کہ جنت بھی ہے کام کی چیز۔"

***

ہم دعا کر چکے

پاکستان کو ہمیشہ نہایت مفلس اور کنگال ملک سمجھا گیا، اور ہمارے پچھلے حاکموں نے تو اس ملک کی حیثیت ایک بین الاقوامی محتاج خانہ کی بنا رکھی تھی جس کے ہاتھ میں کاسہ گدائی تھا اور لب پر یہ صدائیں کہ:

"اللہ کے نام کی روٹی۔ محمد نام کا پیسہ، حسن کے نام کا کپڑا، بلا کر دے بھلا ہو گا۔"

چنانچہ امریکی سخی داتا اپنے مویشیوں کا پیٹ کاٹ کاٹ کر اس کو گیہوں بھیج دیا کرتے تھے۔ روپے پیسے سے بھی مدد دیا کرتے تھے اور مرے ہوئے گوروں کے پرانے کوٹ بھی آجایا کرتے تھے۔ اس کے علاوہ اس مسکین ملک کے لئے امریکی گھی، اور امریکی دودھ بھی آتا تھا۔ جس کے جواب میں یہ ملک دامن پھیلا پھیلا کر امریکہ کو جان و مال، دولت و اقبال کی دعائیں دیتا رہتا تھا کہ:

"اللہ سلامت رکھے، قدم قدم کی خیر، تیری ہر مائی کا ہر لعل جئے، تو دودھوں نہائے پوتوں پھلے، اولاد سے گودی اور ڈالر سے جیب بھری رہے۔"

اب اس سے زیادہ اور کیا ہو گا کہ امریکہ سے جب یہ گیہوں جہاز پر لاد کر پاکستان بھیجا گیا ہے تو اس گیہوں کا باقاعدہ خیر مقدم کیا گیا تھا۔ جن اونٹوں پر یہ گیہوں لادا گیا تھا، ان کے گلے میں تختیاں لٹکائی گئی تھیں جن پر لکھا ہوا تھا:

THANK YOU AMERICA

اور پاکستان کے شاعروں نے مارے غیرت کے یہاں تک کہہ دیا تھا کہ

تھینک یو کہتے ہوئے اونٹ تو ہم دیکھ چکے
دیکھئے اور دکھائے ابھی گندم کیا کیا

اونٹوں کی زبان سے تھینک یو کہلوانے میں بڑا شاعرانہ استعارہ تھا۔ مطلب یہ تھا کہ ہم اہل پاکستان فی الحال وہ اونٹ ہیں جس کی کوئی کل سیدھی نہیں ہے، مگر اے امریکہ تیرا شکریہ کہ تو نے اس شتر بے مہار ملک کو فاقوں کی موت سے بچا لیا۔ اس لیے کہ ہمارے پاس زرخیز زمینیں تو ہیں مگر اس وقت ہم چونکہ خود اپنی آب زر سے آبیاری کر لیتے ہیں لہذا ہم کو اتنی فرصت کہاں کہ فصلیں اگانے کی طرف متوجہ ہو سکیں۔ ہم تو فی الحال اسی طرح دریوزہ گری کر کے پیٹ پالنا چاہتے ہیں۔ نتیجہ یہ ہوا کہ یہ خیرات کھا کھا کر اپنے ضمیر کو مارتے رہے اور خود بے حیائی کی زندگی بسر کرتے رہے۔ رفتہ رفتہ ہاتھ پھیلانا ہماری عادت بن گیا۔ جس نے جو کچھ دے دیا، دعائیں دے کر لے لیا۔ نہ دیا کسی نے کچھ تو صدائیں لگاتے رہے مسلسل۔

مگر اب پرامن فوجی انقلاب کے بعد اس ملک کے افلاس کا بھانڈا پھوٹا ہے کہ تجوریوں کے علاوہ سمندر کی گہرائیوں تک سے سونا نکلتا ہے۔ ایک سے ایک پھٹیچر اور شکل صورت کے یتیم کے پاس سے لاکھوں روپے نکلے ہیں۔ ایسے ایسے لوگ لکھ پتی ثابت ہوئے ہیں جو آپ کے پاس آجاتے تو آپ یہی کہتے کہ:

"شاہ جی آگے بڑھئیے، برکت ہے۔ بس جمعرات کو آیا کیجئے۔"

پتہ چلایا گیا ہے کہ کروڑپتی ایک سے ایک پڑا ہوا ہے آپ کے اس مفلس ملک میں۔ جب لوگوں نے اپنی آمدنی ظاہر کی تو معلوم ہوا کہ چھپی ہوئی آمدنی ساٹھ کروڑ تو صرف کراچی زون میں تھی، بتیس کروڑ لاہور زون میں تھی، اور اٹھارہ کروڑ مشرقی

پاکستان میں، گویا پندرہ جنوری تک تو اعداد و شمار خدا جانے کیا ہوں گے، فی الحال ایک سو دس کروڑ کی چھپی ہوئی آمدنی ظاہر ہوئی ہے۔

ایک کروڑ روپے سے زائد آمدنی ظاہر کرنے والے کچھ نہیں ہیں اس نادار ملک میں۔ پچاس لاکھ روپے سے زاید آمدنی والے بھی آپ کی دعا سے چشم بد دور کافی ہیں اور سو کے قریب تو صرف وہی لوگ ہیں جن کی آمدنی ایک لاکھ سے زیادہ تھی مگر یہ "مفلوک الحال" لوگ ٹیکس نہیں دیتے تھے اس لئے کہ اتنی سی آمدنی میں کوئی کیا ٹیکس دے اور کیا بچائے۔ ننگی کیا نہائے گی اور کیا نچوڑے گی؟ ان میں سے نہ جانے کتنے لوگ تو وہ تھے جو میلے کچیلے کپڑے پہنے گندے مکانات میں نہایت قابل رحم زندگی بسر کر رہے تھے کہ اگر آپ ان کو دیکھ لیتے تو آپ کا دل بھر آتا اور آپ یقیناً ایک آدھ پیسہ ان کی ہتھیلی پر رکھ دیتے۔

وہ مشہور ہے کہ خزانہ پر سانپ بیٹھتا ہے۔ در اصل سانپ وانپ کچھ نہیں ہوتا یہ خود ہی اپنے زمانہ کے سانپ ہوتے ہیں۔ ان کی قسمت میں پیسہ تو ہوتا ہے پیسے کا سکھ نہیں ہوتا۔ یہ وہی لوگ ہوتے ہیں جن کا مقولہ ہے کہ چمڑی جائے دمڑی نہ جائے۔ پیسہ پیسہ جوڑتے ہیں مگر صرف نہیں کر سکتے بھلا وہ ٹیکس کیا دیں گے، جاڑے میں پھٹا ہوا کمبل لپیٹے اکڑا کرتے ہیں اس لئے کہ لحاف اگر بنائیں گے تو اس خزانہ میں روپیہ کم پڑ جائیں گے۔ وہ بارش میں سر پر پاؤں رکھے پھرا کرتے ہیں چھاتہ اور برساتی خریدنے کی فضول خرچی نہیں کرتے۔ وہ گرمیوں میں لو کے تھپیڑے کھانا اور دھوپ میں جھلسنا برداشت کر لیتے ہیں مگر راستہ پیدل ہی طے کرتے ہیں اس لئے کہ بس کا کرایہ خرچ کرنا کفایت شعاری کے اصول کے خلاف ہے، اور ان ہی نجس لوگوں کے پاس انتقال کے بعد لاکھوں روپے نکلتے ہیں۔ اور اس دولت کا پتہ بھی اس وقت چلتا ہے جب میونسپلٹی والے ان کو دفن کر چکتے ہیں۔

اس قسم کے فقیروں کے متعلق اکثر خبریں آتی رہتی ہیں کہ آج ایک فقیر نے جو ایک گدڑی میں لپٹا ہوا تھا۔ سر راہ ایک فٹ پاتھ پر دم توڑ دیا لوگوں نے کفن دفن کے چندہ کیا، مگر جب مرحوم کو گدڑی سے نکالا گیا تو اسی گدڑی میں پچیس ہزار کے نوٹ بھی ایک پوٹلی میں بندھے ہوئے ملے۔ ظاہر ہے کہ اس نامراد فقیر کا کوئی بھی نہ تھا، جس کے لئے اس نے یہ دولت جمع کی تھی، اس پیسہ کو اس نے اپنے اوپر کبھی صرف نہ کیا، جس طرح ہاتھ پھیلائے، سر جھکائے بھیک مانگا کرتا تھا، مسلسل مانگتا رہا، سوکھے ٹکڑے پانی میں بھگو کر کھاتا رہا، ہزاروں روپے لئے بیٹھا رہا مگر وہ روپے اس کے کام نہ آسکے۔

اگر سچ پوچھئے تو یہ بھی ایک شامت ہے کہ دولت مل جائے مگر دولت کو صرف کرنے کی اجازت حاصل نہ ہو سکے، اس قسم کے "بامراد محروم" نہایت قابل رحم ہوتے ہیں، ان کی حالت اس بکری کی سی ہوتی ہے جس کے سامنے سبز چارہ موجود ہو مگر تھوتھنی پر جالی چڑھا دی گئی ہو۔ لوگ سمجھتے ہیں کہ غالب نے یہ شعر اپنے اپنے متعلق کہا ہے۔ جی نہیں، یہ شعر ان ہی حضرات کے متعلق ہے:

گو ہاتھ میں جنبش نہیں آنکھوں میں تو دم ہے
رہنے دو ابھی ساغر و مینا مرے آگے

گدڑی کے ان لعلوں کا یہ ملک پاکستان مدتوں کنگال مشہور رہا، خیرات پر گزر بسر کرتا رہا۔ جھولی پھیلائے بیٹھا رہا اور اپنی خودداری کو نیلام چڑھائے رہا۔ اس پر رحم تو سب ہی کھاتے رہے مگر اس کو خاطر میں کبھی کوئی نہ لایا۔ اور کوئی خاطر میں لاتا بھی کیسے جن جن کا یہ دست نگر تھا وہ اس کو اپنا بندۂ احسان تو سمجھ سکتے تھے اس کے علاوہ اور کیا سمجھتے۔ یہ اسی کا نتیجہ تو ہے کہ لارڈ ایٹلی کی گھر والی تک نے منہ بنا کر کہہ دیا کہ:

"آج کل پاکستان کی پرواہی کس کو ہے۔"

مگر ان بیگم صاحبہ نے یہ بات ذرا غلط وقت پر کہی ہے، اگر اب سے کچھ دن پہلے وہ یہ بات کہتیں تو ایک بات بھی تھی مگر اب حالات بدل چکے ہیں، اب پاکستان وہ نہیں رہا جس کی کسی کو پرواہ نہ ہو۔ اب پاکستان کی پرواکرنا پڑے گی۔ اور پاکستان اپنی پرواخود کرائے گا۔ اب یہ بھیک منگوں کا ملک نہیں ہے، اب یہ یتیم خانہ اور دارالمساکین نہیں ہے، اب اس کے سمندر سونا اگلتے ہیں اس کی زمینیں دولت پیدا کرتی ہیں، اور اس کے ہر خزانے کے سانپ اپنی کینچلی بدل چکے ہیں اور خزانوں پر سے ہٹ گئے ہیں۔ اپنی اس دولت کے احساس نے ہر پاکستانی کو خوددار بنا دیا ہے اور اب اس کو ضرورت نہیں ہے کہ وہ کاسہ گدائی لئے بین الاقوامی بازار میں فقیرانہ صدائیں بلند کرتا پھرے، بلکہ ابھی 15 / جنوری کے بعد دنیا اسی کنگال کو آنکھیں پھاڑ پھاڑ کر دیکھے گی کہ یہ محتاج خانہ تو سونے کی کان نکلا۔ اب اس ملک کی باگ ڈور ان کے ہاتھ میں نہیں ہے جو کوڑیوں کے ہار پہنے صدائیں لگاتے پھرتے تھے کہ

فقیرانہ آئے صدا کر چلے

میاں خوش رہو ہم دعا کر چلے

اب اس ملک کا نظم و نسق ان کے ہاتھ میں ہے جو اسی افلاس سے خوش حالی نچوڑ سکتے ہیں اور ایک سے اک مفلوک الحال کو نچوڑ کر لکھ پتی بتا چکے ہیں۔

***

آزادی کا شوق

میں آپ سے عرض کروں کہ مجھ کو آزادی کا پہلے پہل کب شوق ہوا ہے؟

یہ ایک تفصیل طلب واقعہ ہے۔ اور میرا جی چاہتا ہے کہ یہ تفصیل پیش کر ہی دوں۔ خواہ آپ زندگی سے یا کم از کم مجھ سے بیزار ہی کیوں نہ ہو جائیں۔ مگر ہو جانے دیجیے میرا یہ شوق پورا۔

بات اصل میں یہ ہے کہ میں ذرا اپنے سسرال جا رہا تھا۔ سسرال سے میرا مطلب یہ ہے کہ میری شادی تو خیر اب تک وہاں ہوئی نہیں، مگر نسبت بالکل طے تھی اور میری آؤ بھگت بڑے زور شور سے ہو رہی تھی۔ یہ بات تو آپ کو معلوم ہی ہو گی کہ جس شخص کی شادی ہونے والی ہوتی ہے۔ وہ خواہ کتنا ہی زمین پر چلے مگر پیر آسمان پر ہی پڑتے ہیں۔ بات یہ ہے نا کہ اس کو ایک دم یہ احساس ہوتا ہے کہ آخاہ ہم بھی کسی قابل ہیں۔ پھر سسرال والے کچھ اس طرح دیدہ و دل فرش راہ کرتے ہیں کہ اگر آدمی ذرا بھی بیوقوف ہو تو پیغمبری کا دعویٰ کر بیٹھے۔ عرض کرنے کا مطلب یہ ہے کہ کچھ اسی قسم کے اشرف المخلوقات ہونے کے وہم میں ان دنوں میں بھی مبتلا تھا۔ اور بہانے ڈھونڈ کر سسرال پہنچا کرتا تھا۔ جامہ زیبی بھی اس زمانے میں مجھ پر ختم تھی۔ آرائش جمال کے لیے کیا کیا جتن کیے جاتے تھے۔ اور مقصد ہوتا تھا صرف یہ کہ ہونے والی سسرال جانا ہے۔ خیر یہ تو بات سے بات نکل آئی۔ عرض یہ کر رہا تھا کہ میں ذرا سسرال جا رہا تھا۔ بال بال موتی

پروے سولہ سنگھار بتیس پٹار کئے کہ ایک چوراہے پر معمولی سے ایک کانسٹبل نے ہاتھ پھیلا کر مجبور کر دیا کہ بائیسکل سے اتر پڑوں، کاش یہ کانسٹبل ذرا میری ہونے والی سسرال تک زحمت کرتا اور اندازہ کر سکتا کہ جس عظیم المرتب شخصیت کو اس نے اس رعونت سے روکا ہے وہ کس پایہ کا انسان ہے۔

بہر حال سائیکل سے اترنا پڑا۔ اور اب اس کے روکے جانے کی وجہ یہ معلوم ہوئی کہ دور سے ایک ولایتی گورا اپنی بائیسکل پر آرہا تھا۔ کیوں صاحب کیا یہ نہیں ہو سکتا تھا کہ مجھ کو گزر جانے دیا ہوتا۔ اور اس گورے کو جو اپنی سسرال بھی نہیں جا رہا تھا۔ روک لیا جاتا؟ بائیسکل سے اترنے کے زندگی میں پہلی مرتبہ اس خیال نے انگڑائی لی۔ کہ یہ گورا مجھ سے زیادہ معزز ہے۔ اور اس کے مقابلہ میں میری حیثیت صرف یہ ہے کہ میں اس کے لیے روکا جاؤں۔ اس لیے کہ میں غلام ہوں اور وہ آقائی کرنے والی قوم کا ایک فرد ہے۔

خیال تو بڑا باغیانہ تھا مگر اس کانسٹبل بیچارے کو کیا معلوم کہ یہ راہ گیر اس وقت اس قسم کی باتیں سوچ رہا ہے۔ نتیجہ یہ کہ جب وہ گورا نہایت بازاری انداز سے سیٹی بجاتا ہوا اپنی بائیسکل پر گزر گیا۔ تو کانسٹبل صاحب نے گھوم کر مجھ کو بھی اس ادا سے گزرنے کا اشارہ کیا گویا سرکار گزر گئے ہیں۔ اب درباری بھی سڑک پار کر سکتے ہیں، میں سڑک تو خیر پار کر گیا۔ مگر اب دماغ میں اسی قسم کے خیال ابل رہے تھے۔ کہ سات سمندر پار کی قوم یہاں آ کر ہم پر اس طرح حکومت کرے کہ ہماری ہی سڑک، ہمارا ہی بھائی کانسٹبل اور حکم چل رہا ہے اس گورے کا۔ مقدر ہے وہی منہ سے سیٹی بجا بجا کر بائیسکل چلانے والا گورا جس کی چقندر نما بانہوں پر اودے اودے خوفناک سانپ اور اژدہے گدے ہوئے تھے۔ مگر اس کے باوجود کیا دبدبہ تھا۔ کیا خود اعتمادی تھی۔ اور کس فاتحانہ شان سے گزرا ہے۔ اور کس غلامانہ عجز سے مجھ کو دیکھنا پڑا ہے۔

اس کا یہ تحکم۔ کچھ غصہ کچھ غیرت اور زیادہ تر حماقت میں مبتلا۔ احتجاجاً بائیسکل پر سوار نہیں بلکہ بائیسکل کو ٹہلاتا ہوا ان خیالات میں چلا جا رہا تھا۔ کہ ادھر سے آنکلا ایک جلوس نعرے بلند کرتا ہوا۔ "بن کے رہے گا پاکستان، بٹ کے رہے گا ہندوستان۔" ایک سبزہ آغاز، سبزہ پوش، سبز علم لیے ہوئے صاحب میرے قریب ہی آکر جان پر کھیل کر چیخے۔ "آزادی" اور بیشمار آوازوں نے ایک آواز میں کہا "یا موت۔" چوٹ کھایا ہوا دل تو تھا ہی۔ میں نے بھی دل ہی دل میں کہا۔ "واقعی آزادی یا موت۔" اور اس آزادی یا موت نے ایسا گھیرا کہ اب میں بھی اس سمندر میں ایک قطرہ بن کر گرا اور سمندر بن گیا۔ سسرال جانے کے بجائے اب میں اس جلوس کے ساتھ اس میدان میں پہنچ گیا جہاں جلوس یکایک جلسہ بن گیا۔ اللہ اکبر۔ پاکستان زندہ باد۔ آزادی یا موت وغیرہ کے نعرے بلند ہوئے اور پھر جو تقریریں شروع ہوئی ہیں تو رات کے گیارہ بجے میں اپنے بستر پر لیٹا ہوا یہ غور کر رہا تھا کہ آزادی ملنے کے بعد بیوی کو سہاگن بنانا مناسب رہے گا۔ یا آزادی ملنے سے پہلے ہی بیوی کو بیوہ بنانا ٹھیک رہے گا۔

اس قسم کی باتیں تو فوراً طے ہوا نہیں کرتیں۔ بڑی کشمکش میں مبتلا ہونا پڑتا ہے انسان کو، مگر اس گورے والے واقعہ نے وہ کاری ضرب لگائی تھی۔ کہ پھول کی پتی سے پتھر کا جگر کٹ چکا تھا۔ اور مجھ اور مجھ ایسے مرد نادان پر بھی اس کا خرام نرم و نازک اثر کر چکا تھا۔ نتیجہ یہ کہ صبح میں مسلم لیگ کے دفتر میں تھا۔ اور کوشش یہی تھی کہ اول تو یہ لوگ مجھ کو ابھی اپنے کندھوں پر اٹھا کر میرا جلوس نکالیں۔ ورنہ کم سے کم محلہ کمیٹی ہی کا صدر بنا دیں۔ مگر جگہ فی الحال رضاکاروں میں وہ بھی اس طرح پر کہ اپنی وردی میں خود بنواؤں۔ چنانچہ منظور کر لی یہ شرط بھی، اور آزادی کی جدوجہد میں ایک ادنیٰ سپاہی کی حیثیت سے شامل ہو گئے۔ اس لیے کہ مقصد دراصل کوئی عہدہ یا مرتبہ نہ تھا بلکہ آزادی

تھی۔ لیجیے صاحب اب ہو گئیں شروع قومی سرگرمیاں، آج اس جلوس میں شرکت کرنا ہے۔ کل اس جلسہ میں ڈیوٹی ہے۔ آج یہاں پہرہ دے رہے ہیں۔ کل وہاں قواعد کر رہے ہیں۔ مگر دل کو یہ اطمینان ضرور تھا کہ یہ سب کچھ حصول آزادی کے لیے کر رہے ہیں۔ سب سے بڑا امتحان جو دینا پڑا وہ یہ تھا کہ ایک جلسہ میں سبز وردی پہنے ڈنڈا ہاتھ میں لیے پہرہ دے رہے تھے کہ ہونے والے خسر صاحب جو ادھر سے گزرتے ہیں۔ تو اپنی بیٹی کے مجازی خدا کو رضاکار دیکھ کر سکتے کے عالم میں آ گئے۔ پہلے تو کچھ دیر تک بول ہی نہ سکے۔ اس کے بعد بمشکل تمام یہ فرمایا،

"میاں یہ تم۔۔۔"

عرض کیا"جی ہاں۔" بات یہ ہے کہ،

ہر فرد ہے ملت کے مقدر کا ستارہ

وہ ٹھہرے آنریری مجسٹریٹ۔ خطاب کے لیے کلکٹر نے بھیج رکھی ہے سفارش۔ وہ اس چاند ستارہ کو بھلا کیا جانیں۔ ان کے جانیں دشمن، کچھ عجیب شش و پنج کے عالم میں بولے۔ "اور اگر آپ کے والد صاحب قبلہ کو اس کی خبر ہو گئی تو۔"

یہ تو میں نے بھی نہ سوچا تھا کہ واقعی اس اطلاع کے بعد والد صاحب خودکشی کرنا مناسب سمجھیں گے۔ یا مجھ کو ہی عاق کر دینا کافی سمجھ کر صبر کریں گے۔ البتہ اس وقت میں یہ غور کر رہا تھا کہ ملت کا رضاکار بننا زیادہ برا ہے یا کسی کلب میں برج کھیلتے ہوئے پایا جانا۔ مجھ کو غور کرتا ہوا چھوڑ کر خسر صاحب تو روانہ ہو گئے، مگر دوسرے ہی دن "خسر شپ" سے انکار، استعفیٰ آ گیا۔ اور والد صاحب قبلہ کو انہوں نے صاف صاف لکھ بھیجا کہ جس عالم میں کل آپ کے بلند اقبال نظر آئے ہیں اس کے بعد مجھ سے آپ کو یہ امید نہ ہونا چاہیئے کہ میں ان کو اپنا داماد بنا سکوں گا۔ والد صاحب چیخے۔ والدہ بیچاری روئیں۔ اور

آخر دونوں کی متفقہ رائے سے یہ تجویز منظور ہو گئی کہ ایسی اولاد ہوتے ہی مر جائے تو زیادہ بہتر ہے۔ اس تجویز میں ایک خامی یہ تھی کہ یہ طے نہ ہو سکا کہ اگر یہ اولاد نہ مرے ہوتے ہی، تو اس کے ساتھ کیا سلوک کرنا چاہیے۔ جھگڑا یہ پڑ گیا تھا کہ والد صاحب تو ابھی گولی مار دینے کی تائید میں تھے۔ خواہ اس کارِ خیر کے لیے کسی کی بندوق ہی کیوں نہ چرانا پڑے۔ مگر والدہ صاحبہ کا نعرہ یہ تھا کہ کھوٹا پیسہ اور نالائق اولاد وقت پر کام آ ہی جاتی ہے۔ چنانچہ اسی میں اپنا کام بن گیا۔ ورنہ آج شہیدانِ ملت میں اپنا شمار بھی ہوتا۔

نسبت کے چھوٹنے اور والد صاحب کو ناراض کرنے کے بعد اب تو اور بھی آزاد تھے۔ دوسرے یہ بات ذہن نشین ہو چکی تھی کہ منزل لیلیٰ کے لیے شرطِ اوّل مجنوں بننا ہے۔ ایسے ایسے خدا جانے کتنے امتحان دینا پڑیں گے۔ چنانچہ اب ہر طرف سے خالی الذہن ہو کر، میں تھا اور قومی خدمت، آج یہاں لاٹھی کھا رہے ہیں۔ کل وہاں ڈنڈوں کی دعوت ہے۔ آج اس جلسے میں پولیس نے مارتے مارتے بھرتہ کر دیا۔ کل اس جلسہ سے پولیس پکڑ لے گئی۔ اور شہر کے باہر لے جا کر چھوڑ آئی۔ قصہ مختصر یوں ہوتا ہے کہ پٹے اکثر بچے بہت کم۔ اور دو دن کے لیے جیل بھی ہو آئے۔ یہاں تک کہ اسی عالم میں چودہ اگست ۱۹۴۷ء آ گئی۔ اور ہمارا نعرہ یکایک واقعہ بن گیا۔ دل نے کہا۔

موری سیاں بھئے کوتوال اب ڈر کاہے کا

مگر ابھی خوش بھی نہ ہونے پائے تھے۔ کہ ایک تبسم نے لاکھوں آنسو نچوڑ لیے یہ ایک مسرت سیکڑوں غموں کے معاوضہ میں ملی۔ معلوم ہوا کہ قومی رضاکار اب بننا ہے کہ جو لوٹے جا رہے ہیں ان کو بچائیں۔ جہاں آگ لگی ہے وہاں سر فروشانہ اپنے کو جھونکنا ہے۔ اپنے کو نہیں دوسروں کو بچانا ہے۔ منزل سامنے ہے مگر عبور کرنے میں خون کے سمندر، آگ کے جہنم، بلکتے ہوئے بچوں کو چھوڑ کر نہیں جاسکتے۔ ماؤں کی چیخوں کو سنی ان

سنی نہیں کر سکتے، زخمیوں کی کراہوں کو روند کر آگے نہیں بڑھ سکتے۔ سب کو لیے ہوئے بڑھے۔ جو پاس تھا، وہ زخم دینے والوں کو دیا۔ پاکستان پر سب کچھ نچھاور کرتے ہوئے۔ دونوں ہاتھوں سے اپنے کو لٹاتے ہوئے زخموں سے چور مگر مسرور اللہ اکبر کی گونج اور خود نگری کے نشے میں جھومتے ہوئے والہانہ اپنی منزل کی طرف بڑھے۔ غلامی نے سرحد تک تعاقب کیا کہ او بے وفا صدیوں کی رسم توڑ کر کہاں جاتا ہے۔ مگر آخر اپنی آزاد مملکت میں پہنچ گئے۔ جو کھویا تھا یکلخت بھول گئے۔ معلوم ہوا سب کچھ پا گئے، زخموں سے چور تھے۔ فاقوں سے نڈھال تھے۔ خون رلانے والے مناظر، دل پاش پاش کیے دیتے تھے۔ مگر اب دل کو اطمینان تھا۔ کہ سب کچھ مل گیا۔ نقصان کا دور گذر گیا۔ تلافی کا وقت آ پہنچا۔ چقندر نما باہوں پر نیلے نیلے اژدھوں اور سانپوں کے نقوش لیے ہوئے گورے سیٹیاں بجا بجا کر کوئک مارچ کر رہے تھے۔ اور اب ہم ان پر فاتحانہ نظر ڈال رہے تھے۔

رفتہ رفتہ ایک سال گزرا۔ دوسرا گزرا اور تیسرا بھی گزر گیا۔ حالات پہلے معمول پر آئے۔ پھر تعمیری سرگرمیوں نے غیر معمولی صورت اختیار کرلی، زخم بھی مندمل ہوگئے۔ اور بچھڑے ہوئے بھی مل گئے۔ تو اب پھر اپنا کنوارا پن یاد آیا۔ ارادہ ہوا کہ اب شادی کرلیں۔

ادھر ادھر نظر دوڑائی۔ مگر نظر سے کام نہ بنا۔ آخر ایک دوست ہی کام آئے۔ اور ایک جگہ سلسلہ جنبانی کردی۔ یہ بڑا شریف گھرانہ ہے۔ بڑے دردمند مسلمان ہیں یہ لوگ۔ اور سنا ہے کہ صاحبزادی کو خدا نے گریجیوٹ ہونے سے بال بال بچایا ہے۔ صرف چند نمبروں سے فیل ہوئی ہیں۔ صورت شکل سنا ہے بہت اچھی ہے۔ فرشتہ خصلت، مجسمہ صنعت و حرفت اور خدا جانے کیا کیا ہیں۔ مجھ کو آج ہی ان کے یہاں دیکھنے کو بلایا گیا تھا۔ چنانچہ جب میں وہاں پہنچا ہوں تو وہ بزرگ جن کا تقدس ایک فرلانگ سے نظر آرہا تھا۔

بڑی گرم جوشی سے بڑھے۔ وظیفہ ملتوی فرمایا اور نہایت شفقت سے اپنے ساتھ جنت نظیر ڈرائنگ روم میں لے گئے۔ اور ادھر ادھر کی رسمی باتیں کر کے فرمایا،

"صاحبزادے اور تو سب کچھ ٹھیک ہے، مگر آپ کے بیان سے معلوم ہوتا ہے کہ آپ گویا مہاجر ہیں۔"

عرض کیا، "میں تو اپنے آپ کو مہاجر نہیں کہتا۔ میں تو سچ پوچھیے تو دشتِ غربت سے وطن آیا ہوں۔ یہ میرا گھر ہے۔ میں نے سپاہیانہ عزم اور ہمت کے ساتھ اس کو فتح کیا ہے، میں اس کا فاتح ہوں۔"

بڑی متانت سے بولے۔ "یہ درست ہے مگر مہاجر ہی ہوئے نا آپ، اور میرے واسطے مصیبت یہ ہے کہ دنیا یہی کہے گی کہ میں نے اپنی لڑکی ایک مہاجر کو دے دی۔"

حیرت سے پوچھا،

"تو گویا یہ بری بات ہے۔"

بڑے اللہ والے بن کر بولے،

"یہ تو میں کیسے کہہ سکتا ہوں۔ جب کہ مہاجر نوازی ہمارا مذہب ہم کو سکھاتا ہے۔"

بات کاٹ کر عرض کیا۔ "بلکہ مہاجر اور انصار کو ایک رشتہ میں۔۔۔"

وہ بھلا بات کیوں نہ کاٹتے۔ "جی جی وہ میں سمجھ گیا۔ مگر برخوردار یہ برادری والے نہایت نامعقول ہوتے ہیں۔ کس کس کی زبان بند کروں گا میں۔"

اور جب مجھ کو بہت مایوس دیکھا تو جھوٹ بھی بول دیے "بہر حال میں غور کروں گا۔ مگر یہ واقعہ ہے کہ آپ سے مل کر بے حد مسرت ہوئی ہے۔"

کاش ان کو معلوم ہوتا کہ مجھ کو ان سے مل کر کس قدر "مسرت" ہوئی۔ مگر میرے دوست نے بڑے مزے کی بات کہی ہے کہ بھائی تم کو آزادی کا شوق تھا وہ پورا

ہوا۔ پھر کیوں اپنی اس آزادی کو دائمی غلامی سے بدل رہے ہو۔ گورے کی غلامی سے بیزار اور گوری کی غلامی کے لیے بے قرار۔ سمجھ میں نہیں آئی یہ بات۔

❊ ❊ ❊